說話的藝術 2

真金不怕火煉，只怕你從來都不練！

目錄

目錄

前言

藝術，非練不可

說話是一種藝術，只要牽扯到藝術，就非練不可。

技巧需要經過不斷的練習才會精進。但技巧再高，也不能超過你真正要表達的心意；技巧過了頭，就會變成為了玩弄技巧而說話，偏離了真正的目標。

練習說話的目的，是讓自己想要表達的內容能夠更完美地呈現出來。例如練習口齒表達更清晰，讓對方有更高的接受度，在瞭解上必定有加分效果。要是語調讓人聽了很難受，話中有太多的停頓等待，根本沒有幾個人受得了，聽你說話變成了一種折磨，又何來藝術之有？

說話練習包括純粹的技巧，例如最基本的口齒、內容、表情、聲音語調、肢體語言，有時候還涵蓋了服裝、化妝、配件、體力、禮貌、知識等等其他範圍，這些都直接、間接影響到說話的結果，也是「整體性」的考量。

珠寶商為了讓寶石看起來更有價值，一定會搭配上燈光，底部配上絲絨布，氣氛、溫度跟周圍擺設全都得經過精心設計。一件藝術品並不是純粹這幅畫很美就行，旁邊襯底的布、選用的框架、擺設的位置也很重要。如果把名畫擺在廁所裡面，像話嗎？這裡面有非常多需要講究的細節。

在美術館欣賞藝術品，那裡的燈光、氣氛、顏色、空間感、舒適度都要考慮，不可能滿地都是紙屑，否則氣氛就不對了。在演奏廳看表演的時候，要是環境很吵雜，有小孩子的哭鬧聲，手機鈴響此起彼落，就沒辦法專心地感受表演的美感。

為了要達到盡可能完美藝術的水準，必須在細微之處精雕細琢。所以，純熟的技巧必須經過千錘百鍊——以說話這件事情來看，你必須注意聲音是否很難聽或過於尖銳？講話速度是否太快或太慢？有沒有不雅觀的動作或姿勢？講話時是否一直點頭，或一直抓癢、調整眼鏡，讓對方分心？穿著打扮得不得體？是否能讓人覺得聽你講話就是一種享受？這些都是練習過程中非常重要的小細節。只要沒處理好，對方就無法認真聽你在講什麼，更甭說是達到理解的目標；然而，這卻是一般人常會忽略的地方。

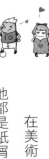

並不是你能把話講得很好聽，衣服卻穿得不得體，或是有些讓人不舒服的小動作，就不登大雅之堂了。人們為什麼喜歡跟某些人講話？原因很簡單：跟他說話，就是「舒服」。除了內容、表情、動作之外，還有精神上的豐富層次，散發出來的親和力、意願跟活力等等，只要更深入的探討，永遠都可以精益求精、更上一層樓。

說話這件事，是人在講話，不是錄音機在講話。就算是錄音機在講話，人們也會挑外型好看、功能實用的產品，更何況是人在說話呢？所以，你在練習說話之前，一定要有「整體性」的概念。

以打籃球為例，你最起碼要有跑完全場的體力，其他例如運球、投籃、傳球這些技巧，純粹是為了讓團體運作更流暢，為了讓傳接球更順利，為了得分贏球。除了基礎體力、球技的訓練之外，球衣、球鞋的選擇也非常重要。

一個女人站出來要好看，除了本身的身材、膚色、氣質要好之外，也要靠服裝、化妝、配件及姿勢等等從旁搭配，傳達出讓人舒服的感覺，人們才會認為這個女人很美麗。

再從相反的方向打個比方：你的雕刻技術很好，但每次選的木材都很容易腐爛，有一種難聞的惡臭，別人聞到都受不了，你的作品就很難被視為藝術了。

藝術需要技巧，技巧需要練習；但練習這件事還包括心靈、精神層面的部分。如果你有很多的擔心、恐懼、難為情，這些因素會讓你無法自在地表達，縱然有高超的技巧也無法發揮。如果你所遇到的障礙是精神層面的部分，就必須經過治療或個人訓練才能獲得改善。然而，這個「治療」並不是要你去找心理醫生，而是我經常提到的「進步成長」。

在這裡，我們從另外一個角度來看「進步成長」這個主題，你就會瞭解為什麼我如此地重視它——因為這是生存唯一的路。如果沒有進步成長，你永遠做不到你想要的水準！不進步成長的人，連話都不必講了，因為講得不好聽、沒人聽，沒辦法去談情說愛，也沒辦法跟他合作談生意、交代事情——別人見到那副德性，後面就沒下文了。如此一來，人際關係、工作、賺錢能力不是都受到影響了嗎？又如何擁有幸福的人生呢？

說話是生活的必要條件。連狗姑且都要學會如何去吠，鳥也要學會如何去鳴，要是身為一個人卻不會說話，就更奇怪了。話講不好，前途會變怎樣？吃虧的一定是自己。

在說話練習的過程中，我們不得不去強調心靈的領域。有很多心靈上的障礙一定要先處理掉，要是不拿掉這些障礙，技巧也不會真的有用，更甭提什麼藝術的境界了。聽起來很玄，對吧？

舉例來說，有一個黑帶高手，他很會打，很能打，也會那些一般人做不到的高難度動作。不過，當他遇到某種人或是某種情況就完全無法出手，練到黑帶又有什麼用呢？現在的問題是，他該出手時卻不敢打、不能打，這跟功夫高不高就是兩回事了。

理論上來說，任何領域的技術到了某個境界之後，都應該包括心靈的層面在裡頭。心靈對於表達有非常重要的影響，也會影響技巧發揮與訓練成效，影響你的臨場表現，為了練好説話的基本功，就非得進步成長不可了。

提醒各位，一定要讓自己越來越會説話，畢竟做任何事情都是為了要讓它成功、變得更好。為了成就更美的説話藝術，千萬不要小看「練習」這件事情。練習本身是一種訓練、一種修養、一種進步成長。練習帶來希望，讓一切不可能變成可能。我們可以如此詮釋：懂得練習的人，同時也享受了生命的美好。

心橋顧問公司總裁　陳海倫

第 1 章

說話練習的重點

練習八要

千萬不要忘記，我們在講的主題是「藝術」。藝術可以無限延伸，永遠都可以更進步，每次遇到極限都能再次突破。我在本書所提到的資料，只是給予一個基本的參考方向，相信你一定可以再創造出更新、更高的境界。

說話有很多種層面。你可以讓說話變得更有趣、更好聽、更感動，就算是無厘頭的純哈拉，也要讓人家覺得你很有風格、很有味道，而且也可以更進步，而不是每次都把低級無聊的內容當幽默，這就違反藝術的定義了。

藝術的質感是很重要的。你把哪種顏料塗在什麼材質的布上，用哪一種色彩去畫，用怎樣的石材去雕刻，拿什麼樣的球杆或球棒去打球，這些選擇全部都是有意義的。正因為有意義，才能夠創造出質感。

說話也要考量質感。話是人在講，我們有腦袋可以思考，同時靠聲音、表情、肢體動作傳達訊息。當我們練習用腦、用聲音、身體去溝通，就必須結合所有的環節，創造出更好的質感。換句話說，要讓說話成為一種藝術，就得顧及你的肢體動作，甚至是長相、健康、品味，還有腦袋裡到底裝些什麼，這些都會影響到你跟身邊每個人的溝通，也會關係到情感的甜蜜指數。

生命中所有的範圍，全都與「進步成長」息息相關；只要能夠提升某個項目的水準，整體的生活品質也會有所提升。例如，你的長相更漂亮了，或是腦袋更聰明了、聲音更甜美了，不管是賺錢、人際關係、愛情各方面，都會有奇蹟性的影響力發生。

在《說話的藝術》系列裡，許多問題都有相同的答案：練習。由此可知，這是非常重要的準備功夫。

這個章節裡，會告訴各位在練習當中必須注意的事情。我們都知道，所有的事情只要經過練習，就會愈來愈熟練，但該怎麼練？怎樣的練習是有效的，怎樣練習才是有幫助的？

有許多時候，你與生俱來的天份、能力確實是很出色，然而靠後天的練習，讓技巧、境界不斷提升，則是另外一門重要的學問。現在，我們就把練習的部份歸納成八個區塊來說明。

❶ 重要性

其實，很多人明明都知道練習的重要性，卻又故意裝作不知道，以為自己不用練習就很強、很厲害，所以非得把這個部分提出來，再三叮嚀不可。

譬如說，有些人喜歡去上一些才藝課程。想要上課求知的意圖是很好的，但是回到家裡卻不太練習，或是只靠自己憑空去想像、自己亂練，不去找正確的管道練習，所以練習過程中有很多的錯誤與時間的浪費，沒有辦法被平衡回來。

有些人是只要老師陪在身邊，他就很願意練習，若要求他自己練，又不願意了。於是，跟著老師上了很多課，但私底下的練習不夠，下次繼續上課時會覺得連接不上，不但老師教得很累，學習效果也事倍功半。不管是學樂器、運動或是練武功都一樣。

以打籃球來說，教練在課堂上告訴你的，就是應該怎麼去練習標準的投籃動作。如果你回去之後沒有練，下次來上課時，腦袋明明知道該怎麼投，偏偏身體就是跟不上。上課懂多少是一回事，如果沒有充分的練習，只是憑藉上課接收的資料與理解，其實是不會有多少進步的。當你知道怎麼投籃之後，每天都得把同樣的動作做個幾百次或上千次，讓身體跟得上思考的速度，這就是練習的重點。

上課與練習的比例，至少是一比十到一比兩千，意思是你跟老師上了一小時的課，到下次上課之前，你應該要練十個小時；老師教了某個動作，你回去之後起碼要練個兩千次。能夠做多少，不是我們要討論的重點，重點是：有練，一定有差。非得要紮紮實實地練習，才能夠發揮出最大的潛能與實力，也才有機會提升創新的能力，達到另一個層次的境界。

有很多人都會說：「我有在學！」也學得很高興，但他並不願意花這麼多的時間去練習。也有很多人自認在課堂上已經學會了，就算你學過了，純熟度、了解程度、應用程度種種範圍，仍要靠不斷練習才能達到完全融入的境界。

有許多人不信邪，不願意把練習看得這麼重要。然而，**「學過了」並不等於真的「會」**，**這是兩件完全不一樣的事情。**學了以後沒有繼續練，或是把練習當成隨便敷衍的例行工作，就沒辦法學到真正的精通。有些人會刻意提問很多問題，或是跟老師有很多的切磋，甚至請老師私下傳授祕訣——或許有一點差別，但實際上還是練習比較重要。

功夫，必須靠時間累積而成。如果沒有腳踏實地去蹲馬步，沒有一個小時又一個小時的練拳，沒有這樣日積月累、持之以恆，永遠成不了氣候。所有成敗的因素，幾乎百分之九十九都決定於看誰練得勤、練得精。若沒有練到熟能生巧的地步，就不會有真功夫出來。

所以，在進入練習之前，一定要了解「練習」這件事究竟有多麼重要。有練才會有功，沒練，到最後就只是一場空！

❷ 持續

練習必須持續，必須數十年如一日，才能累積出真功夫。至於能夠持續多久，就看各人的毅力如何。並不是某天突發性的心血來潮，持續練了十幾個小時，練到腳都要斷掉、手都不能拿筷子，練到全身抽筋、練到吐，然後就休息一個禮拜；這種三天捕魚、兩天曬網的態度，就是練習的大敵。

持續力所要求的，就是「天天練」；偶爾想到才練，能力就差很多。一個禮拜練一兩次，頂多只有業餘的水準，練不到三年就停了，根本練不出實際的真功夫。

不管練什麼，想要成氣候，持續的基本單位起碼都是以十年起跳，這樣差不多會累積出一點點的水準，也才能進入更深一層的領域。你不一定要去參加比賽或是要拿到世界冠軍，但是如果想要入門，把一件事情做到像樣、體會箇中的精髓，絕對得靠持續的練習才能修成正果，沒有那種臨時抱佛腳，期待一兩天就把它練到極致的可能。

提到某項技能，很多人會說：「喔，我練了兩年了。」沒錯，你是練了兩年，為什麼有些人也練兩年，卻比較出色呢？理由很簡單：看誰練得勤。這兩年當中，你是一個禮拜練一次，還是一個禮拜練三次？還是每天都練習呢？認真的程度、練習的密集度，決定你是不是比別人厲害，你也可以跟過去的自己比看看，是否真的有進步。

練習最忌諱的，就是三分鐘熱度的練法。因為今天心情好，就給它狂練個八小時，不吃飯、熬夜拚命練也無所謂，反正就是心情對了——偶爾你有這個興致倒是無妨，但如果這樣一搞之後又休息幾個禮拜，所有的努力都會付諸流水，這種態度很容易扼殺熱情。奉勸各位還是中庸一點，無需那麼極端，持續本身就是一種質感，只要每天持續地做，久了以後自然會累積出功力。

❸ 目標

目標就是一個最終的方向，也是你最後要達到的結果、境界。以爬山來說，山頂就是目標，朝山頂走就是你的方向。不管你要做什麼事，所有練習的方向都要朝著這個最終目標。

所以，當你在練習的時候，一定得知道練習最後的目標是什麼，才會知道方向正不正確。

如果你不曉得為什麼要練習，只是像機器一樣重複執行某個動作，彈一首曲子一千次、一萬次，反正坐著就拚命練，腦袋想著別的事情，以為時間過了就練成了——大錯特錯，那樣的練法沒有什麼效果，因為你根本不知道最終要達到怎樣的境界。也就是說，你必須要朝著明確的目標去練習，才會有效果。

在練習的過程裡，你要知道方向有沒有走偏？就算目前還沒達到最終的境界，但你心裡必須知道那個境界是什麼模樣，只要多一次的練習，就朝著目標邁進一步，這樣練習才會成功，才有意義。若忘記了目標，進行錯誤的練習，還不如不練比較好。

❹ 目的

「目的」跟「目標」不一樣的地方，在於強調「你為什麼要這樣做？」任何目的都有個理由，當你深入探討時，就會知道如果不這樣做的話，結果會怎樣。兩者的切入點不一樣，但最後都是殊途同歸，畢竟練習到了最後，不管是目標還是目的，都要達到一樣的結果。

關於「目的」的項目，是著重整體性的考量。**你要想的是：「我這樣的練習，到底是要幹什麼？所為何事？」**現在採用這樣的練習方式，一定是跟這項技能的運用、整體發展是有關連性的。所以，你要自己知道這樣做的原因是什麼，這樣練的是哪方面的基本功？

為什麼這個動作需要這麼深入？

為什麼這個練習的廣度要這麼大？

為什麼這個細節要這樣去處理？

這樣練有什麼道理？

可以幫助到整體什麼？

如果你不知道練習的目的為何，就算訓練的過程再嚴謹也只是莫明其妙。或許有了一些效果，可是最後還是用不出來，因為你並沒有真正地經歷過這些過程，不明白為什麼要建立這些基礎，為什麼一定要靠這樣的訓練打下根基。

當你練到走火入魔、迷失方向時，你應該要問自己要的是什麼？你要知道現在這樣練，最後的目標是什麼？這種練習方法，最後能夠做出什麼樣的應用？關於這些練習的「目的」，你必須清清楚楚，對練習的成效將會大有幫助。

5 用

練習的時候，腦袋必須想著：要怎麼去用？

你得以「用」的角度來練習，要去運用這些技巧，熟能生巧地把它變成你自己的一部份，或是把最後的成品完美呈現出來，這就是練習本身的價值。

即使如此敘述，對一般人而言，「用」仍是相當抽象的一個字眼。我們舉個例子來解釋：在練習舞蹈的某一個動作時，並不只是擺出一個姿勢，你必須思考怎麼樣把思想灌注到你的肢體，怎麼樣把這個動作要傳達的精神給呈現出來；這需要經過不斷地練習，才能夠練成「用」的目標。

不過，當你遇到需要將所學的技能派上用場的時刻，就會發現一件殘酷的事實：學了，不見得就表示用得出來。你已經學會了這一個舞蹈動作，可是上了舞池之後，奇怪？為什麼那個姿勢就是展現不出來？怎麼跟平常練習的狀況不一樣？

所謂的「用」，是很實在地展現出你會的技巧、情緒與功力。然而，在實際發揮的時候，你會發現有各種奇怪的干擾因素，讓你達不到平常練習的水準。就好比說，你本來以為唱出來的音階應該是某種高度，但因為演唱會場跟平常練習的空間不同，配合聲量的出力調整之後，音階卻抓不準了，也就是說，最後現場出來的結果不如原本預期，這是實戰常會發生的狀況。

練習最關鍵的重點之一，就是臨場時該怎麼去「用」。如果不思考該怎麼用、不練習怎麼出手、怎麼樣起承轉合，就只是為練而練，甚至是用錯誤的方式去練，到時候練到肌肉受傷、聲帶報銷，以後再也沒辦法精進突破，就得不償失了。

練了，要怎麼用？必須讓思想跟身體合為一體。如果學了一項技能，不能在想要用的時機以適當的方式做出來，練習的內容在實際使用時有過大的差距，就等於白練了。

一般學校的考試制度最常出現的弊病，就是忽略了「用」。平常唸書應付接二連三的考試，也算是經過非常多的練習，在考試結束之後，要求考生將所學的技術運用在生活上面，像是用學過的英文跟外國人溝通，或是把數學的方程式運用到生活裡，你會發現大部分的人只會考試答題，實際上卻是派不上用場的！那就表示你並沒有真正地學到，只是紙上談兵，還是等於不會。

為什麼學了英文卻不太管用？背了那麼多單字與句子，遇到老外卻講不出來？因為練習的時候，並沒有把「用」這件事考量進去，就變成了「有學，沒有到位」，這些內容沒辦法跟你的身體、跟你的人、你的腦合為一體，學的東西就沒有價值了。

更進一步來說，「用」這件事是要經歷使用的練習過程，才能夠真正學會的。

❻ 細節

所有的事物要能夠感動人，要呈現出美感，都跟細節有關。所以，練習有一個非常重要的項目，就是必須強調「細節」，這也是「專業」與「業餘」的差別。到底誰是專家？比的就是這個部份。請兩個人唸同一篇文章，只要抑揚頓挫差個一點點，高下就分出來了。

所謂「外行看熱鬧，內行看門道」，這些細節在專業者的眼裡，有沒有經過練習，差異一比便知，整體的連貫性、舒暢度都有非常大的差別。所以，在練習任何一項東西時，都要練到細節的部分。

細節該怎麼練呢？比方要練一個動作之前，先把這個動作的每一個細節都拆解出來，要知道每一個部分環環相扣的感覺，包含小地方的銜接、轉折、起伏都要在意。

雖然這本書的主題是溝通，但是「練習」這個章節並不只限於溝通上。只要你想學任何東西、需要練習的時候全都適用，包括各種不同形式的藝術，都是一樣的道理。

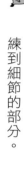

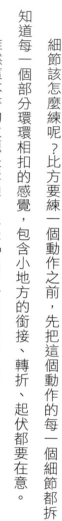

嚴格來說，人生所有的事情都跟溝通有關。就算你只是想：「我只想要玩電腦遊戲而已，跟溝通有什麼關係？」當然有關！你要玩電腦遊戲，就要跟電腦有良好的溝通，也要了解電腦操作的細節；**在練習的時候必須掌握這些要素，知道愈詳細的人，就能夠把技巧運用得愈好。**你要學畫畫，表現出來的光影愈細緻，畫面呈現的質感就愈不一樣。

不管是學音樂、學樂器、學運動、學網球，細節都是特別需要練習的地方。千萬別粗枝大葉地認為：「這個部份這樣帶過就行了。」如何把某個部份分得更細一點？這是非常科學的。

練習的時候若不注意細節，整個人感覺硬梆梆的，再怎麼練也沒什麼效果，你會把舞蹈練得像在做體操，沒有美感可言，因為那些可以呈現出細膩質感的細節都被省略掉了。

好比看一部電影，就算電影的內容很精采，但畫質很糟糕，音效有一段、沒一段，觀眾看得下去嗎？有些人唱歌的音準都對了，歌詞也沒唱錯，為什麼會那麼難聽呢？因為不注重細節。若是涉及藝術的領域，就得集中精神去表現出最完美的細緻度，就譬如衣服多車了一條線或是多了一個摺，尺寸、比例差這麼一點點，美感就是不一樣。

要把品質提升到愈高的層次，就必須把這些細節挑得更細，再來練過。能夠練得愈細，能夠展現出來的質感就越好，展現的層次也更加豐富；有練過跟沒練過的，簡直是天壤地別的兩個世界。如果對這些細節沒興趣，永遠不可能成為專家，也沒什麼境界、水準可言，讓人感覺沒有文化，就像野蠻人一樣把肉撕下來就直接吃了，何必談那些美食是如何烹調的？那些大師的經典作品，都是因為細節的突破而呈現出不一樣的水準，這個世界也因此顯得更豐富、更美麗。

7 想

所謂的「想」，就是當你在進行所有的練習時，一定要有意識，每一個練習都有思考如何表達的成份。也就是說，你必須「想」著要怎樣藉著這個練習，創造出你希望達到的結果。若是將腦袋放空、做白日夢，只有身體在那邊重複著一樣的動作，這樣的練習會有用嗎？當然不可能。為什麼沒用呢？因為你做的動作並沒有經過思考，是在無意識的情況下執行的。

「想」是持續不斷的，是很專注、沒有一刻放鬆的，這樣的練習必須高度集中精神，每一分、每一秒都融入在自己的意識當中，就算僅僅千分之一秒都不會輕易放過。你會知道目前表達的情緒如何？自己的關節、肌肉承受到何種程度？**整個練習過程，都受到思想嚴密的**

控制。

練習「想」的濃度愈高，效果就愈好。有很多時候，你看著人家一邊練跳舞還一邊聊天，或是一邊彈鋼琴、一邊喝酒，當然練不到什麼東西。有人練了十幾個小時卻不見成效，雖然花了很長的時間，練習過程卻嘻嘻哈哈、漫不經心，他腦袋裡想的不是練習，不管怎麼練都不會真正到位。有人雖然只練了兩個小時，效果卻很好，因為他帶著思想專心在練，結果會非常不一樣。

這個「想」，是包括前面所提到的項目——必須知道練習的重要性、知道它的持續性、知道目標、目的，知道如何去用，也要注意每一個細節。

一開始練的時候，或許沒辦法把全部項目融合在一起，那也無所謂，你可以針對某一個項目去練，慢慢練習之後，這些項目會自動加乘在一起。把每一個項目分開練習，是有其必要性的。

說話就像練功夫，當你練到高水準的境界，一出手就是不一樣，別人看到的、感受的也不一樣，因為這些都是經過有意識的練習，千錘百煉才能有所成。

8 情

既然講到藝術，就不能不提到「情」。

你要「用」，是一回事；你要「想」，是一回事；「專注」又是一回事；至於「情」，該怎麼解釋呢？簡單來說，就是有高度的興趣與熱情，充滿無限深遠的感覺。

情還有另外一個解釋，就是「活力」，賦予無窮的生命力。當然，這只是文字上的解釋，強調練習當中必須具備那種澎拜的情緒。

練習所強化的，不只是技巧上的進步，同時也要練出熱情、活力跟興趣，這些都是可以靠練習提升的。當你把這些情緒灌注進去之後，練多了，練久了，就會發現體力、精神會進入不一樣的品質。

比方說，練習彈鋼琴時沒有放進情感，就算彈很多次也不覺得有多累。不過，一旦把「情」給放下去，才會發現怎麼會如此地耗費體力跟精神？你也會察覺到，加入「情」的練習方向是必要的。這是一種功力的提升，必須真正地把情感投入練習過的人才會明白。

然而，並不是你想要放「情」下去，就一定會有情。譬如跳舞練習時，你突然把舞伴給拉倒了，或是你在做某個動作時突然停了下來或發抖了起來，對方覺得你到底在發什麼瘋啊？那是因為過去的你並沒有練習過要如何表達情感，現在突然想要表達如此豐富的情感，卻讓身邊的人嚇一大跳——因為展現情感的方式並不純熟，不自然。

「情」，要如何展現得恰到好處？一定得要經過練習。在練習任何一樣東西的時候，只要加入「情」，就不是那麼簡單了。一開始練「情」就會發現錯誤百出，非常彆扭，要練到很純熟之後，才能順暢地表現出深情或熱情。沒練過，你怎麼會呢？你以為人家在舞台上講一句台詞那麼自然，講一個笑話那麼輕鬆，他平常在練的是什麼？就是在練怎樣表達這些句子的「情」。

練習裡的「情」，並不光是單純擁有感情就可以表達出來。就好比你心裡很喜歡一個人，你對他抱有很多的情感。不過，你很喜歡他就直接跑去擁抱對方，這樣粗糙的表達方式就沒有藝術的味道了。我要跟各位強調的是：**美，必須有情。有情，必須要靠練習。**

那麼，如果不用情去練呢？你可以一直練、一直練，或是一直用、一直用，或是一直想、一直想，可是不見得有這麼多的情感可以感動別人。

藝術之所以純熟、美麗、動人，是因為它有這麼豐富的情感。會有這麼深的情感，也是因為經歷過非常多的練習，才能夠表達地如此輕鬆、自然，好像點到為止卻又寓意深遠，看似輕鬆無比卻又張力十足。一般人做不到這樣的水準，但為什麼有人可以擁有這樣超凡的功力？完全是「練」出來的。

在這裡做個簡單的總結。

在練習說話之前，你要知道這八大重點，該怎樣去練才正確？為什麼要練這些？要是沒有這些概念，練習本身是相當空洞且無聊的，也沒有什麼藝術成份可言。你沒辦法愈練愈快樂，不會愈練愈有深度，再多的練習也沒有那麼高的價值。如果照著以上八個重點去練習，不管練任何一樣東西都會讓你著迷！你會覺得愈來愈想要繼續練下去，因為境界會不斷提昇，可以愈練愈有深度——練習就是一門藝術！

好，永遠可以更好，美，永遠可以更美；說話的境界永遠可以再突破，而且品質會藉由不斷練習提升到不一樣的層次，這就是藝術的偉大。

第 2 章

基本功入門

基本功強者，是為專家

這裡所要講到的，是練習的「基本功」。

所謂的基本功，雖然是最簡單、最基礎的東西，但是基本功的水準若不穩固，不管做什麼事情都是做不好的。這有點像打地基一樣，沒有什麼特別的學問，就是要做好、做準、做穩，要蓋多高的大樓，就得要打多深的地基，這就是基本功的道理。

所謂的專家，就是他的基本功比一般人好，尤其是各種領域的一流高手，他們的基本功都非常紮實。有很多時候，你看到某個人的表現特別傑出，他可以做出那樣的高水準，完全是靠著基本功的根基打得好，進而發揮更多創意，創造出更深層感動的藝術品質。

我們用一個簡單的比喻。如果想蓋一間茅房，需要打什麼地基呢？隨便搭一搭就行了。如果要蓋兩樓的房子，地基打一點點，就可以蓋起來。如果你要蓋的是摩天大樓，這可不像疊積木那般隨便愈疊愈高，現在先蓋個兩樓，之後就再加蓋到四樓，等那天心情好了再來蓋十樓，若有餘力再加蓋，總有一天會變成摩天大廈……這種觀念就完全錯了。

你應該見過以前的新邨、國宅那種老房子，如果原本是兩樓的設計，現在要改建成四樓了，就得要整片拆掉重蓋，不然的話，它不會變成另一種風貌的建築物，而是一層又一層加蓋的違章建築，永遠都蓋不高。它有個限度，再高就會倒了。

以基本功來說，如果在一開始設定目標的時候，你希望自己能有世界級的水準，你想要走得更長、更遠，就不能在基本功上面馬虎，否則永遠都沒有機會進軍世界級的行列。在各種領域間，有許多希望更進步的人，在某一天突然有了不一樣的視野，希望格局再高一點、技巧能夠更精進，教練卻跟他說：「沒辦法，你只能砍掉重練。」為什麼會這樣？因為當初練的基本功有問題。

有些舞者，在自己國內已經擁有相當不錯的成績，甚至也當了舞蹈老師。沒想到到了國外學習更進階的舞蹈技術時，老師卻告訴他說：「你過去跳舞的練習方式不正確，你必須從基本功重新練起。」這樣的訊息，簡直就像是晴天霹靂！對當事者來說，過去跳了十幾年，甚至比賽都拿到冠軍了，為什麼要重練基本功？過去十幾年來一直認為是正確的東西，現在全部都要重新改過。

於是，他會陷入天人交戰，這種打擊實在太大了。原因無它——**基本功不正確，就像地基不穩，沒辦法蓋出摩天大樓。**

要打好一個基本功，最起碼也要以兩年作為基本單位，因為你的身體結構、純熟度要訓練到位，這是最少的時間估計——不見得每個人都一樣，只是讓你了解，如果你想要成為一個專家或是再往上突破，苦練基本功的時間是不可能省略的。如果不打好基本功，後面更進階的技術通通都不必談了。

練習，為什麼是一個基本功？很多人都覺得隨隨便便就好，那種想法實在過於天真了。就好比一個城鎮在開發之初，民眾需要用水，於是隨便挖口井，只要有水用就好。等到後來城裡人口多了，要蓋蓄水量較大的儲水池，之前辛苦挖鑿的井就沒用了，因為這是完全不一樣的工程。

在觀念上，你得要先了解基本功與專業的關連性，就會比較願意下功夫去練習。愈年輕的時候練習愈好，一來可塑性較大，比較容易接受調整，學習速度快，效果比較顯著，打下的根基不僅深又穩固。

當我們還是小孩子的時候，背下來的東西都可以記得一輩子。孩子可以重覆做一件事情都不會覺得厭煩，玩一個玩具好幾天都樂此不疲。大人或許認為這沒什麼好玩，玩一下就覺得無聊了。然而這不是玩具本身好不好玩的問題，而是大人與小孩對於事物興趣的濃度不同，練習專一的程度也不一樣了。

除此之外，從小練習也比較不會覺得苦。你每天要求他練球，一練就練個三、五年，長大之後，他的功底就打好了。可是，如果等到長大之後，叫你每天這樣練習運球、投籃，你會覺得怎麼這麼痛苦？寧願把這些時間拿去看電視或玩遊戲去了，天底下還有這麼多有趣的事情，幹嘛要這樣折磨自己呢。

不過，不管是大人或小孩，練習基本功的觀念都是一樣的。小孩要從基本功練起，大人也一樣要練基本功，小時候練太極跟老了之後再練太極，一樣都要練站樁、在那邊蹲、慢慢拉筋，這些功夫都是一分錢一分貨，沒辦法偷工減料的。

所以，你不要找理由說自己老了、身體不行了……這些都只是藉口。年紀是一回事，但是要走的這一條路是沒辦法省的，也就是說，這棟房子該怎樣蓋就得怎樣蓋，一根木材都少不得，這就是我們講到的基本功。

在練習的過程裡，如果一天到晚想要偷雞摸狗、投機取巧，創造出來的藝術絕對高明不到哪兒去。基本功夠不夠紮實，完全是硬碰硬的。你比劃出來的招式再漂亮，一交手馬上分出高下，有練到的就有成績，沒練到的就沒有功力。

不要以為自己比人家聰明，別人花兩年，我只需要半年就可以學會，或是學個幾次就可以搞定。要是這樣就也可以成為高手的話，那些專家豈不都是白痴？人家練了幾十年都還在練基本功，你才練兩個禮拜，就誇口可以打遍天下無敵手？這種想法真的很幼稚。

有些人在練習時，可以在短時間之內大有突破，這些人通常是有別的功底做為基礎。譬如說，你有運動員的訓練背景，當你去學瑜珈時，進度可能會比一般人快一點，那是因為之前有接受過類似的訓練。要是你什麼都沒練過，就很天真地以為自己可以比別人厲害？就算是天才，還是得靠不斷的練習才會變得比別人更厲害。

一般人對於練習基本功常會犯的毛病，就是態度過於蔑視。當你告訴他要練基本功時，他就擺出一副很不屑的表情，他會說：「練那些根本沒用嘛！趕快教我一些絕招或秘訣，一出手就把對方撂倒！」腦袋裡一天到晚都在想那些不勞而獲的事。你一直想練就「一擊必殺」的絕招，可是出拳的角度、力氣都不對，就算知道怎麼出招，一樣還是用不出來。

當你學跳舞時，整天想著趕快學會花步的跳法，可是身體的線條、骨骼肌肉、用力的方法跟姿勢都不正確，學會了花步又能怎麼樣？

你一直想上場比賽。可是投籃的基本動作不對，運球也不順，卻一直想要上場比賽，要

為大家爭取榮譽……其實，當基本功還沒練好的時候，去想那些事都太不切實際了。

入門必修基本功

說話藝術的基本功，若延伸成音樂、畫畫或其他領域，一樣皆可適用。若是單純以說話的範圍，練習的基本功可分成兩個部份。本章節所介紹的基本功是屬於最基礎的入門部分，可分成以下四個項目來說明。

❶ 音質

所有的東西一旦牽涉到藝術，就會講到「質」。質，就是質感，就是境界、水準的品質。既然是說話，就一定要包括聲音聽起來好不好聽，音質就是基本功底之一。誰的音質好、聽起來舒服，很自然就占了上風。

一部電影的女主角一出場，講話的聲音或是配音一定不會像巫婆這樣粗啞，聽起來好像喉嚨被砂紙磨過一樣，她的聲音一定非常地動人，基本質感一定在。其實，她講的那句話或許很簡單，但是聲音一出來，就已經迷倒眾生。

是什麼東西讓人痴迷？就是那個聲音的質感。

一個上鋼琴課的班級，老師在那邊聽，聽完了，突然就說：「某某某，你的touch（觸摸鍵盤的動作）音質是全班最棒的！」二十個學生彈的是同一台鋼琴，但不同的人去摸，彈出來的聲音卻不一樣，這是讓人非常驚訝的。這當中的差別，就在於那雙手，那顆心。

每一個人的聲音也是可以控制的，就看怎樣去運用聲帶發音。有些人可以製造出很多種不同的聲音，就像專業配音員，不管是配男人、女人、小孩或是老人家的聲音都維妙維肖，可見這是可以練的。

你一樣也有聲帶，發音可以很尖銳，也可以故意很粗糙沙啞，創造各種不一樣的音質——聽起來輕聲呢喃，或是撒嬌嗲氣，可以發出娃娃音，也可以營造出老成穩健的感覺。這就是所謂的音質。

在說話練習的基本功裡面，你必須要學會控制自己的聲帶，得要知道利用哪些部位創造共鳴、用怎樣的方式把不同的音質呈現出來。控制聲音的質感，是說話練習的第一個部份。

❷ 口齒

口齒，就是說話咬字的清晰度，以及你對於每一個字所展現出來的特質。

一樣都是說話，為什麼有的人說出來字字分明、鏗鏘有力，有些人的咬字聽起來卻是硬梆梆的，好像要吵架一樣？有人的說話讓人感到矯揉造作，有些則是聽起來有濃厚的口音，或是模糊不清，非常不容易聽懂……這些感覺，都是口齒發音的關係，端看一個人怎樣去運用舌頭、咬字把這些音準確地發出來。

我們在聽新聞時，專業播報人員的口齒都經過特別的訓練，同樣的內容從他的嘴裡講出來，就能讓人聽了舒服許多。如果電影的旁白換一個人去說，整個電影的味道都不一樣了，只是它沒有做出好幾個不同的發音版本讓你去比較，通常你沒辦法觀察到當中的差異。

說話的咬字清不清楚，有點像五星級飯店跟便宜的汽車旅館的差別。口齒的清晰可以影響到氣質，影響一個人的器量跟水準，以及給人的安全感與舒適度。電影旁白、電台主持人、新聞主播的口齒能力，關係到一個節目的水準層次，所表達的情境、情緒以及質感都深受影響。

有很多必須站上台面發言的人，必須特別去學習講話的咬字。如果連這個基本功都沒有，後面還講什麼氣質、講什麼內容呢？全部都被口齒不清給抹煞掉了。

❸ 音量

一台電視或音響，可以調整大聲或小聲，按鈕按一按就行了，好像很簡單。但如果要再大聲一點，要符合大型聚會的播放，就得要買貴一點的，或是規格好一點的才行。

以說話的角度來看，音量調節其實不是這麼簡單，尤其是對人說話時要讓聲音傳得夠遠、夠清楚，要讓對方引起共鳴，不是只有大小聲的問題。

有些人只要叫他音量放小聲，他就好像講不出話來，有的人叫他放大音量，就像狗在亂吠一樣，變得不清楚或沒了質感；也有些人是大聲說話時就中氣不足，或是小聲時聽起來就會沙啞，影響音質。隨著音量不同，你必須調整中氣、音質與說話的方式。

從最簡單的狀況來看：你該如何在大庭廣眾的場所裡，不靠麥克風就可以讓全部人很清楚地聽到你說話？要是平常沒有做過這樣的練習，不太知道這當中的差別，體力、面對能力、發音的部位都不一樣。

有許多人在平常講話時，聽起來聲音相當宏亮，但遇到環境有很多人都在講話的喧鬧場合，你要求他講話大聲一點，在場的人還是聽不清楚，意思就是他沒辦法再大聲了。這就像是品質不好的擴音機，你把它轉到最大聲，除了吱吱喳喳的雜音之外，放出來的聲音根本聽不清楚。

相反地，有些人就可以長時間地大聲說話，而且穿透力十足，就像價值百萬的大音響，就算上百個人的大型派對或活動場所都可以聽得很清楚，而且音質也保持得很好。這種能力並不一定是天賦異稟的先天優勢，而是能夠靠後天訓練達到的功力水準。

沒有練過大聲說話的人，只要大聲講幾句話就累得半死，再多講幾句之後，後面就變小聲了，聲音就沙啞了。換句話說，光是音量這個基本功，沒練過的人就沒辦法從頭到尾保持同樣的音量。

如果平常你跟人家講話或聊天時，很多人都聽不到你在說什麼，音量像蚊子在耳邊飛過一般，那麼你就只能在安靜的廁所或客廳角落，兩個人吱吱喳喳地講悄悄話。如果現場多了幾個人，需要聽你宣佈一件事情，那種微弱的音量根本什麼都聽不見；有些人更慘，就算拿了麥克風，別人還是聽不清楚他在說些什麼。

不要以為控制音量是一個很簡單的問題，聲音不夠大，有擴音器就好——錯，不是這樣的。要給人家一種中氣十足、氣度恢宏的感覺，音量是很重要的關鍵；要是沒有辦法發出那樣大的音量，就產生不了那種質感，光是氣勢就已經輸了。相反地，說話該小聲時，又變得講不清楚、有氣無力，一樣都是失控的狀況。

你應該見過講話大聲的人，要他大聲說話似乎不太費力，但要求他小聲一點，他就講不好了；也有平常講話都很小聲的人，只要大聲講一下就覺得累。這就好比有在跑步的人，跑個三、五千公尺根本不算什麼，至於平常沒在跑的，要他多跑個幾步，心臟好像快要跳出來一樣，難過得要命，這就是基本功練得夠不夠的差別。

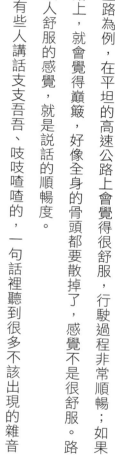

4 順暢度

所謂的「順暢度」，就是說話有沒有不自然的停頓？有沒有太多不好聽的口頭禪？以車子上路為例，在平坦的高速公路上會覺得很舒服，行駛過程非常順暢；如果走在坑坑洞洞的馬路上，就會覺得巔簸，好像全身的骨頭都要散掉了，感覺不是很舒服。路是否平整、走起來讓人舒服的感覺，就是說話的順暢度。

有些人講話支支吾吾、吱吱喳喳的，一句話裡聽到很多不該出現的雜音，根本不知道他

要講什麼。但是，講話很順暢的人可以從頭到尾不吃螺絲，他不會有那些不必要的口頭禪，或是沒意義的用字遣詞。那些演話劇、舞台劇的演員，為什麼可以讓觀眾這麼感動？因為他說話的順暢度，是能夠讓人感動的重要原因之一。

如果你能練到音質很好、口齒清晰、音量正確，說話又非常順暢，話一講出去，讓人聽起來的質感就是不一樣，氣質、水準、氣勢、感動、格局等等條件都可以營造出來。要是沒有這些基本功，其他的都免談了。

每個人都會講話。有些人講了二、三十年，卻從來沒有去練過如何提升音質舒適度，也沒有練過口齒咬字清晰度。或許在小學念書的時候，老師怎麼教就怎麼學，長大就這樣說話，就算咬字不對的地方，講不好也就算了。至於音量，從來沒有練過大聲說話，口頭禪不斷地講、不斷地出現停頓，也從來都沒把它修正回來。

要是你想要把話講好，年紀愈小練習愈好。有些人年紀大了，講話還是很好聽、很有質感，因為人家年輕的時候是練過的。要是你永遠都沒練，音質愈來愈糟糕，中氣愈來愈不足，說話開始漏風，結巴次數愈來愈多，因為基本功沒練好，生活品質也會跟著下降。

講話，一定要練這些基本功，不管現在你已經多厲害了，還是要練。那些舞台明星、專業話劇演員，他們說話的氣質與水準就是不一樣，尚且都在持續地練習。大師之所以是大師，就算他已經到達一般人無法追上的境界，都還在保持練習，才會愈練愈精。這就是練習基本功的態度。

有練就一定有差。至於差在哪裡？說來有些可悲，沒練過的人還真的無法理解當中的差異。所有基本功的練習，都是為了提升控制能力。沒有控制的能力，就無緣創造出動人的藝術了。

第3章

練習過程會遇到的問題

講話時如何掌握停頓的緩衝時間，留給別人說話權？

說話時給對方緩衝，目地是要尊重別人，給對方一些說話的機會。平常來說，如果彼此都是陌生人，表示尊重的最佳比例大約是五比五，你講到一個點之後就換他講，他講完就換你講，平均一人一半。當然，並不是很嚴格地強制我講十分鐘，你也要講十分鐘；而是彼此往來的程度差不多，有時候他講長一點或短一點都無所謂，但大概是各自五成的比例。

但是，如果你是掌握發言權的人，你有比較多的話要講，對方只需回應即可，這種狀況下，你講到七成甚至是九成都沒關係，沒有一定非怎麼樣不可。關鍵是：**你應該要確認對方有沒有話要說，適時地留給別人說話的機會**，詢問他有沒有什麼想法或意見。

關於掌握停頓的緩衝時間，重點在於隨時觀察，留意對方的反應如何。他看起來很自在，自然是沒有什麼問題。如果人家聽得好好的，刻意停頓就會顯得多餘，人家還以為發生了什麼事，覺得跟你說話浪費時間。有些個性比較直接的人會告訴你沒有時間講這麼久，或沒興趣繼續聽下去。

有很多時候，過於客氣、謹慎的態度反而會變成一種無禮，老是在那兒保留緩衝，只會把溝通速度拉慢，讓人覺得不耐煩。舉例來說，你去店裡讓人家幫你洗頭，洗頭的人每五秒鐘問一次：「小姐，這樣水溫可以嗎？」

「小姐，這樣子的力道沒問題吧？」

「有沒有地方要我特別加強的？」

「小姐，這樣可以嗎？」

如果問得太頻繁了，被洗頭的人當然會覺得：「你到底行不行啊？也太不專業了吧？」接受服務的人會覺得讓她洗頭是一件很囉唆的事。

拿捏停頓的緩衝時間，避免「過」與「不及」是重點。以剛剛的例子來說，你要幫人洗頭，就直接動手去洗，在開始之前問一下對方，有什麼要加強的可以先行告知，然後就去做你該做的事。人家有什麼意見自然會講，一般人有話要講自然就會講，不會一直忍耐到結束——當然，偶爾的確會有這種狀況發生，如果真的遇到這種悶不吭聲的人，那是他的問題，而不是你的問題了。

所以，你應該要有自信地去做好份內該做的事情，處理過程中，觀察一下對方的情形。如果對方的表情顯露出痛楚，你就要問一下：「小姐，這樣力道會不會太重啊？不舒服嗎？」對於別人的感覺，要有夠高的敏銳度，這就是專業。**要是你為了緩衝而緩衝，為了要留說話權而一直去問對方，一直去打擾人家，這樣表示你完全無法控制**，你所以為的「禮貌」只是無謂的干擾，或是沒自信所衍生出來的麻煩。

總而言之，最重要的就是：做你應該要做的事情。你必須很確定現在該做的是什麼，在講話時如果有什麼地方似乎不太對勁，可以問一下對方怎麼了——問，是因為不確定。如果你很確定，繼續講就行了，不必為了保留對方的說話權而拚命緩衝、停頓，這樣表示你的確定性不夠，給人很不穩定的感覺。如果基本功夠好，練習是足夠的，和別人說話時應該不會有這麼多的不確定才對。

怎麼樣改掉沒有好處的口頭禪？

口頭禪從來都不會給你帶來任何好處，只要說話有口頭禪，就會讓人有注意力在上頭，因為這個口頭禪本身沒有意義，也降低了溝通的品質。

本來在平常的說話中，口頭禪是不需要的，只是口頭上有一些固定出現的幾個字，像是一直重覆「然後」、「那些」、「那個」等等，這些口頭禪從來都不應該出現。

那麼，該怎樣改掉口頭禪的習慣呢？

在説話之前，要講的內容應該要經過練習，最好有逐字稿，把要講的話一個字、一個字地寫出來。我們在寫文章的時候，很少會把口頭禪寫進去，所以你把要講的話先寫出來，流覽數遍之後，將所有不必要的贅字或口頭禪刪掉，把它練好之後再去跟別人講話。久了以後，你的腦袋習慣了，説話才有機會把口頭禪的毛病改過來。

之所以會有口頭禪的原因之一，是沒有經過大腦在講話，你的腦袋還在思考，太慢的時候就用口頭禪來做填補。像「那個……那個……那個……」，「那個」根本沒什麼意義，只因為你還在想，腦袋跟嘴巴實際上沒辦法接軌，這也透露出基本功不夠好、訓練不夠多，就會有這個問題。

另一方面是習慣。比方説，有些人説沒幾句話，就一定要加上「他媽的」三個字，他讓這種説話方式變成了一種壞習慣，才會有口頭禪脱口而出的問題。

想要拿掉口頭禪，腦袋的思考要能夠追上嘴巴説話的速度，這得靠不斷地練習才能修正過來。一開始你可以慢慢講，每次有意識地知道你要講出口頭禪之前，就把它停下來，然後繼續講下面那句話。練到心口合一時，口頭禪就會很自然地改掉。

如何去除說話時不必要的雜音？

這裡提到的雜音，包括前面提過的口頭禪，像是「茲茲茲」、「呃……呃……呃……」、「那……那……那……」，有口吃、重覆發音或是口齒不清的地方，每一個字多講一兩次，或是不必要的訊息、嘆息、呼吸，以及不適當的改正、過於用力等等，那些都是屬於雜音。

這些雜音，都來自於基本功不足，思考速度跟不上，腦袋不清楚自己要表達什麼；還有口齒不夠清楚、音量不夠大，都會造成說話時發出雜音。只要你想把話講清楚一點、特別注意口齒的時候，或是你有另外添加的用力動作，刻意要防止緊張的情緒，呼吸不夠順暢時就會產生雜音。

關於雜音，還有另一個重點。人在說話時，雜音並不一定只是聲音的元素，所有會造成無法順暢表達的阻礙，包括不順暢、不自然的動作、表情、心情的急躁、不安、恐懼，多餘的注意力、眼神飄忽不定或東張西望等等，都會變成不必要的「雜音」，表示基本功有問題。

練功或跳舞的人，若是肌肉的力量不夠，在做某個動作時就會發抖，或是會突然快一點，因為沒有足夠的力量支撐，也有可能是腦袋來不及思考控制，造成停頓或失去平衡等等現象。

譬如有一個舞蹈的動作，需要跳在空中將肢體展開，姿勢相當漂亮優美。但是，為什麼有人跳起來卻像是被電到一樣？有些人跳起來有時候順、有時候不順？這都是基本功的問題。基本功不夠，雜質就出來了。

所以，雜音會產生的最主要原因，是基本功的功底不夠紮實。你必須很有耐心地把基本功練起來，沒有其他的捷徑可走，才能夠得到最順暢的溝通效果。

如何用聲音打動對方？

當你的音質、音量、內容、氣質到了一個水準的時候，就能夠打動對方。不曉得你有沒有看過這樣的舞台劇？看到主角走幾步路，哇！你就感動得不得了。他也沒幹嘛，一隻手插在西裝褲裡，不急不徐地走在舞台上，光是那樣的氣勢就可以鎮住整場的觀眾。

這就是表達的功力，因為他有能力感染觀眾的情緒。

所以，如果你的聲音能夠打動對方，就算只說一兩句話，光是聽到就不得了，讓人深深地喜歡。舞台劇、電影、唱片，甚至只是馬路上遇到的街頭藝人，若他能夠用那麼幾句歌聲就打動你的心扉，這樣的功力就相當深厚了。

千萬要記得，這些專家都有紮實的基本功。不要以為隨便看對方一眼，別人就會意亂情迷，絕對不可能。就算有了基本功之後，還是得經過不斷地練習，那些豐富動人的內容，無一不是經過千錘百鍊的。當你練成之後，即興演出就能夠自在發揮，但是這樣的功力，跟一個人的意志、情感、智慧、責任感、穩定性都有關係。要達到這樣的水準並非不尋常，但也不是輕而易舉就可以辦到。

在日常生活裡，我們經常能看到一個眼神或動作呈現出來的美感。某個舞者一出場，全場觀眾就被他給震懾住了，他光是走路，你都會覺得神魂顛倒——那就是基本功好到一舉手、一投足，就能夠打動別人的心。

從基本功練起，平常人都做得到，你的言行舉止也可以感動身邊的人。只要用心勤練基本功，這些看似奇蹟的事情都不難，而且天天都可以發生。

要如何讓自己說話的用字遣詞更精確、更講究？

要讓用字遣詞更精確、更講究，一定要絞盡腦汁！你必須在講出去之前，做過很多很多的作業，反覆地思考研究。

或許你平常背了一些詩詞、成語，這些或多或少會有一些幫助，但最重要的關鍵，還是用腦！要是你沒有經過那麼多的思考，該用哪一句、用哪一個字，臨時一定說不出口。一開始練習時，你可能會抄襲別人的內容，挑一些你喜歡的風格。你可以抄、可以背，但最後仍必須靠自己去創新，那些講出來的話必須呈現出自己的風格。

至於「精確」跟「講究」要到什麼程度，就要看你用什麼樣的標準，也要看每個人的欣賞能力。要是你講出來的話很有內涵，偏偏對方就是不欣賞，你的品味跟別人不一樣，講得再好也沒有辦法得到共鳴。所以，這也得看你要跟誰說話，要研究哪一方面的學問了。

個性、情緒不同的人，必須用不一樣的說話方式。有些人講話比較文謅謅，有些人說話比較口語隨興，大部分的人比較喜歡幽默的語氣，但也有些人說話是比較嚴肅拘謹的。但普遍來說，人們都會比較喜歡跟熱情、認真、有活力的人說話。

電影上的經典台詞，為什麼會這麼吸引人？幕後的編劇也是想破腦袋才擠出這一句話。你要習慣經常地做這樣的練習，既然用字遣詞要精確、要講究，就得拚命地研究同一句話，用各式各樣的文詞、不同的方式去呈現看看，怎樣你才會覺得更精確、更講究？

這個方面呢，你必須要有自己的品味，不是死背下來就可以照本宣科。要是下一次遇到同樣的狀況，你該怎麼講？總不能每次都講同樣的話，對吧？這些話總是不斷地在變化，應該要能夠活用，你必須要知道，這是不是你喜歡的風格？這樣說話精不精確，講不講究？如果你自己都沒有辦法品味判斷，又何來精確跟講究？

所以，品味是需要培養的，而且水準要能夠自在變化，才能夠配合不同的說話對象，這也是基本功之一。天天練、不斷地看、不斷地寫、不斷地思考、研究之後，用字遣詞就會更精確、更講究了。

用字遣詞需要因人而異嗎？

這是當然的。如果用字遣詞千篇一律，說出來的話一定非常無聊。

人總是有很多種喜好，再好的東西一定還是會有人喜歡、有人不喜歡，好比很多人都喜歡吃日本料理，但也不見得所有的人都欣賞。所以，用字遣詞一定要因人而異。你要投稿一篇文章之前，要調查一下這份報紙是給哪些族群看的，這本雜誌是給誰欣賞的；要製作一個節目，也要事先研究會收看的觀眾群是哪些人、什麼年齡層等等因素。也就是說，表達演繹的方式，永遠都是因人而異的。

人有百百種，一樣米養百樣人。你身邊會有小朋友、大人、老人，有男人、女人；關係不同，要求也不同，境界不同，水準也不同。你不要想著一勞永逸，不管對誰都用同一套台詞出來應付，那種心態會讓你的話變成沒人聽得懂的外星話，人家以為你是從別的星球過來臥底的。那麼，你講這些話是要給誰聽呢？當然是吃力不討好了。

所以，說話之前永遠要把眼前的這個人放在第一位，你得知道該用怎麼樣的說話方式，對方才能夠明白，因為基本功裡包括要讓對方懂、要精準。如果你的用字遣詞很華麗，但是對方感覺就像鴨子聽雷，說這些話要如何能夠達到溝通的目的？這樣解釋，應該不難理解吧！

要如何練習發出好聽的聲調？

怎樣的聲調才算好聽，很多人都有不同的看法。譬如在演唱流行歌曲時，如果去找不同的老師便會有不一樣的教法，針對個人特質也有不一樣的要求。譬如說，你是唱台灣歌曲、國語歌曲、日本歌曲，還是唱哭調、唱聲樂的，要求的聲調發音方式都不一樣。

要練習發出好聽的聲調，就得把練習朝向「悅音」的方向去調整，而不是往「噪音」的方向去練習，這是一個基本的標準。就好像衣服該怎麼穿，才是優雅得體呢？如果是**以一般人都能接受的標準來看，就比較像是穿制服那樣，以整齊、端莊為主，不一定會特別出眾，但也不至於讓人覺得無法接受。**

練習發聲之前，你先把聲調、音調調整在一個大家都能夠接受、屬於悅耳的標準範圍之下，再去要求符合個人的特質，找出專屬於自己的風格——這時候，就是你個人的選擇。

好吃的東西，一般人都會覺得好吃，就像選美比賽挑出來的佳麗，很少會讓大家覺得醜到離譜。或許你並不覺得冠軍特別漂亮，可能認為第三名是你比較喜歡的型，但第一名也不至於醜到無法接受。

聲音要好聽，也要符合這樣的「共同標準」。世界上好聽的音樂，不管是交響樂、藝術歌曲或者是流行歌曲，只要是流行的、暢銷的，一般人就算沒有特別喜歡，也不會覺得爛到聽不下去，它一定會有受歡迎的特質。如果你真的下過功夫去研究，就會知道這些暢銷曲子都有一些價值。

要練習發出好聽的聲調，非得練好基本功不可。基本功練到一個層次以上，再怎麼說話都不至於難聽到哪兒去。這就像我們搭飛機時看到的空中小姐，個個都是千中選一的美女，服務品質都經過嚴格的訓練，還有那些優秀的演員、播音員，每個人的說話素質都是相當高的。說話的音調要好聽，其實也沒那麼困難；至少要把基本功練到讓大部份的人都可以接受的水準就行了。

如何說話才能餘音繞樑，讓人回味無窮？

「餘音繞樑」就是唱出來的歌曲很好聽，聽眾很喜歡，回到家仍回味無窮、百聽不厭，心裡頭還一直在感動，這是非常高的藝術境界。

關於這個主題，有兩個方向可以討論。第一個，就是個人的品味，你可以練到餘音繞樑，讓人如癡如醉、回味無窮，這是一種功力。

另外一個，就是聽的人要能夠跟你「共鳴」。兩個人之間的共鳴，就是所謂的「對焦」——說的人表達地恰到好處，也剛好合到聽者的胃口。除了你要有這樣的表達功力之外，說出來的話還要能夠符合另一個人的品味。

就跟談戀愛一樣。剛好這個女人就是這麼地會撒嬌，這個男人就覺得：「哇～不得了，我就是喜歡這種女孩子！」要做到這樣，你說話必須要有餘音繞樑的功力。當你一看到對方，可以馬上找到適合他的味道，把那個人的心抓住。彼此若氣味相投就能互相調和，如果是鴨子聽雷或牛頭不對馬嘴，不可能會有回味無窮的感覺。

其實，這並不是那麼困難。只要彼此知心，也都有在努力進步，生活裡經常可以體會到如此美麗的感受。

平常沒有什麼機會跟別人說話時，要如何訓練口才？

如果你真的想讓口才進步，應該不會有這樣的問題。不過呢，跟別人說話真是太簡單了，因為到處都有人。要是你覺得沒有機會跟人說話，又想訓練自己，其實也非常容易，就用模擬演練的方法——自己扮演自己、自己扮演別人，自己跟自己說話。

或許你會覺得，這樣好像神經病一樣，自己怎麼跟自己講話？你沒看錯，許多專業演員就是這樣練習的，背台詞、對著鏡子講話，就是自我訓練的方式。

很多時候，演說家、講師、演員、配音師之類需要大量說話的職業訓練，都是自己一個人獨立練習的。你得知道，不是每次都有機會可以跟別人一起練，就算是練雙簧、練相聲，在沒有伙伴的時候，仍要自己一個人苦練。

所以，自己單人練習的部分是少不得的。你不要以為所有的時間都是跟別人練——**跟別人練習之前，自己一定要先練過。**跟別人練其實就等於是交手，你不可能一天到晚跟人家打擂台，對吧？你去球場跟人家比賽打籃球，目地是要累積實戰的經驗。在還沒有比賽之前，你一定要自己練習投籃、運球、跑五千公尺、練體能，不管是武術、運動、跳舞、演奏等等，都不會是全部一起練的。

就算是單人練習，該練的基本功一樣都不能馬虎。看看今天要練哪一項，練完之後再練哪一個，一項一項慢慢地練起來。最後所有的檢視，都要回到一開始最基礎的地方，從一個人關起門來自己練習開始。

勸你不要一直想著要找到人才能練習，就算跟別人練過之後，回來還是要自己練習。有很多女孩子在跳舞時，一定要有男人帶才會跳，沒男人帶就不跳，這種人一定不會成為傑出的舞者。那些有成就的舞者，一定是自己練出來的，自己練到一定的水準之後，才練兩人搭配的雙人舞蹈。不管哪一類的藝術，必定都是先從自己一個人開始練起。

訓練口才也是一樣的道理。一個人自己拚命講，每天講八個小時，連續講個一年，功力一定會變強的。希望你先把門關起來，對著鏡子努力練好個人基本功，同時也跟別人講話，不斷地交錯練習，相信你一定會讓旁人刮目相看！

第4章

進階基本功

進階基本功

這裡要談到的基本功是屬於進階的部分，難度稍微高一些。這些基本功就像是所謂的「傳接球」，你跟別人對話，對象可能是一個人或兩個人以上，就算一次跟很多人講話也是一樣，要能夠說得順暢，也要能夠恰到好處。

打籃球時，三對三鬥牛需要傳接球，五個人打全場也一樣要傳接球。只要你沒辦法把球傳到另外一個人手上，這場球就很難打下去，因為這部份牽涉到與其他人的互動，所以歸類在稍微深一點的進階類別，但仍屬於基本功的範圍。

第二階段的基本功，重點在於「對焦」。怎樣叫做對焦呢？就是恰到好處地到達那個點。以打籃球來比喻，可以說是傳球傳得很準確。

以射箭來說，就是一出手就命中紅心。

若以照相來說呢，就是焦距調整正確，才看得清楚。如果不對焦的話，拍出來的照片就是模糊的。

以說話的藝術來看，如果你講出來的話對焦了，對方聽了就覺得合理。如果說話不對焦，就會讓人感到突兀、生氣，莫名其妙。所以，「對焦」是非常重要的一種功力。

為什麼很多人會講：「這傢伙有夠白目的！」或者是說：「你是白痴喔？」

很簡單，因為不對焦！你講的跟對方講的根本扯不上關係，牛頭不對馬嘴。

準確對焦，其實是一門高深的學問。若以練習的角度來看，它仍是屬於基本功的部分，只是你要懂得這些訣竅，才有辦法對焦。我們把它分成四點來討論，這些都要經過練習。要是這些基本功都做不到，後面講再多都白搭，因為已經離題太遠了！

1 懂

懂，是一個基本功。小孩子長大了，大人講什麼都聽得懂了，有些以前沒辦法講的話題，現在就可以暢談了。有些時候不必透過語言，一樣可以明白對方要表達的意思，懂跟不懂之間的差別，可就天差地遠了。

別人講了，你聽不懂，該怎麼回應對方呢？你到了法國卻不會講法文，講英文人家也不見得聽得懂，當然很難跟當地人溝通。

你在路上遇到一個外國人問路，他講的是義大利文，你就像鴨子聽雷一般，滿腦子都是問號。

你去跟對方交涉事情，講出來的話牛頭不對馬嘴，人家不知道你要幹嘛，兩邊都沒有辦法明白彼此的意思。

一般人在說話時，常發生誤會或是其中一方沒有回應的狀況，因為根本沒聽懂——可能是講的太深了，不明白對方的需求，也可能是聽的人沒聽懂，或是誤會說話者的意思等等。

在「懂」這個基本功當中，你除了要能夠聽懂別人說些什麼，也要能夠講到讓人聽得懂，兩邊都要能夠明白而且達成共識，這就是「懂」的基本功。

在人生裡，要能夠把大小事都搞懂，確實相當不容易。可是，若連這一點都做不到的話，後面還要講什麼人生哲理？談什麼夢想跟宏願？還搞什麼創意跟啟發？說話怎麼可能會幽默？又怎麼會讓人覺得甜蜜？對方的意思你都沒辦法明白，如何去談這些更進一步的內容呢？就像兩層樓都蓋不起來了，還妄想要蓋摩天大樓，豈不是太可笑了？連白話文都不會，就要學詩詞跟古文，這也未免也跳太快了吧？

所謂的「懂」，就是講出來的內容必須是對方能夠明白的，至少要把自己要求到這樣的水準；至於別人講的話，你也要能夠聽得懂才行，這是一個說話的基本功。如果別人講的你聽不懂呢？這可有得學了。

基本功並不因為它很基本，三言兩語講完就能學會，而是可以讓你練一輩子。你必須數十年如一日，練個十年都還未必能夠到位。所以，對焦的第一步就是「懂」，不管是讓對方聽懂，還是自己能夠明白別人在說什麼，都是一定要做到的。

2 準

所謂的「準」，就是回得準、講得準、答得準，開啟話題就要正中紅心、對症下藥，不會哪壺不開提哪壺。

「準」，在說話裡是很重要的關鍵條件。要有準頭，必須具備敏銳的觀察，就像傳球時，你必須知道怎樣調整球道、改變球速，知道隊友的位置在哪兒、該往哪邊跑，知道現在要執行的戰術，或已經被對手看穿了，必須換一個策略等等。光是一個「準」，就蘊含了很豐富的藝術，它是如此深奧的學問，也是必練的進階基本功。要是一開始說話就不準，後面就沒下文，對方就不理你了，還能再溝通下去嗎？

當然，一開始練習一定是不準的。你要練到準，後面才有得談；要是打網球時一發球就出界，或是打高爾夫球時拿起杆子就亂揮，果嶺在哪個方向都不曉得，還能繼續比賽嗎？要是舞步不能合拍，第一步就踩錯，人家就不跟你跳了。

「對不起，我腳痛。」對方馬上找理由下台一鞠躬，連跳完一曲的機會都沒有。

你約會時一旦講錯話，飯局還沒有開始，人家就跟你說：「對不起，我現在有一個臨時緊急的會議……」

「啊，我忘了要跟我媽吃晚飯，我現在得馬上走！」

人家趕快找個藉口就跑了，後面也沒得談了，為什麼？只因為你不夠準。

以講話來說，一開始的那句話就讓對方不欣賞，後面便很難投機地講下去。相反地，如果一開始就開門見山、正中紅心，人家就會覺得跟你說話很對味，可以創造的火花可不得了，後面要談幽默、談興趣、談合作之類的範圍，都在「準」之後才會開始。

說話一開始就要「準」——問話要精準，回答也要準確。有人說：「我都不認識他，一開始怎麼準？」這就是你該練的功夫啦！既然不認識對方，話就更不該亂講，必須更謹慎地察言觀色，從對方的外表與動作找出有意義的資訊。觀察的敏銳度愈高，愈能夠找出更多的細節，準的機率就會高很多。

在說話時，我們必須用到任何的感官能力，有點像偵測雷達隨時都要開啟，而不是什麼訊息都不管，然後突然就要上場比賽，連場地有多長、對手實力如何都不知道，腦袋一片空白就要發球，當然會完蛋。

說話雖然看似平常，一天到晚都在講，逛街、買菜、坐車、旅遊、上班都會講話，但是講的對不對、準不準，關係著人生的方向是朝著天堂還是地獄走去。為什麼你常會看到有些人處處春風得意，有的人就是處處碰壁？因為基本功的程度不一樣——一個說話很準，一個很不準，表現的品質不同，結果當然也是天壤之別了！

3 控制

「控制」關係著速度、節奏，包括何時該停頓、何時該加速。就像開車時，你要先啟動引擎，然後踩油門加速，要能夠控制速度。如果上了高速公路，別人的車子都開到時速一百公里以上，有一台車一直保持在時速四十公里，開在後面的車一定會一直狂按喇叭，因為他沒辦法控制跟其他人的車速一樣，擋到別人的路了。

或許你會碰到某個剛拿到駕照卻還不太會開車的人，常忘記換車道要打方向燈，該加速時不去踩油門，不該踩煞車時又拼命踩煞車，控制能力相當糟糕，不僅坐在車內的人不舒服，連別台車的駕駛都很緊張。

有很多司機的駕駛動作沒辦法讓乘客覺得很舒服。他的加速跟轉向是一般人不能接受的，你會覺得搭他的車還能活著，簡直是祖上積德。反之，若你遇過開車很穩的駕駛，便會感覺到當中的差別；雖然開得很快，你還是覺得被他載很安全。

說話的控制如同開車一樣。如果你會控制，那些跟你對話的人在速度、節奏上都能搭配得很好，兩個人能合作愉快，就算他被你控制也會覺得很舒服。如果你加速，他不會覺得突兀，你停下來，他也覺得非常適當。

反過來說，如果不會控制，該說話的時候要講不講的，就像車子的引擎出了問題，頓一下、頓一下的，好像青蛙跳一樣，搞得人暈頭轉向。你打了方向燈要變換車道，後面的車子就慢下來，準備讓你過。偏偏你要過不過的，人家當然會想：「這傢伙，到底要不要過啊？」等了太久，乾脆不讓你過了。

再以打球的控制做比喻。控制順暢的人，就能夠一直打下去，控制不順的人，你會覺得這場球打得不過癮，甚至於打到一半，就不想跟他打了。不順暢就是水準不好、基本功不夠紮實，跟這種人一起打球，當然就要承受百般的痛苦。

將這種情況轉換到說話上頭，你就了解為什麼有些人很難跟別人對話——不該停下來的時候他卻停了，對方會很不耐煩地問：「到底是講完了沒？」要是突然講得很快，聽的人心裡會想：「急什麼？是要趕著去投胎嗎？」別人講話，他聽不懂，問話也不會回，就算回話也不對焦，對他解釋又聽不進去，人家話還沒講完就亂插話；講得正開心時，他又把話題轉移開了。於是，別人就會說：「不講了。」

為什麼不講了？因為不會控制，很多地方都處理得不恰當，讓人抓狂，說不下去了。諸如此類的狀況，若一再地出現在生活的交談中，別人就不想再找你說話，也不會想跟你共事，更甭提談情說愛了，根本就沒有機會。

說話的規則，其實就跟交通規則一模一樣。現在該你過，就要馬上過；你要把話說出口，就得交代個清楚明白。如果對方沒有預期你會說話，你硬要說話就像沒打方向燈就突然變換車道，後面的車差點撞上來，他當然會生氣！

你要左轉、右轉都沒問題，重點是得要先跟前後左右的人溝通，人家才會知道你要幹什麼。要是你讓對方搞到丈二金剛摸不著頭緒，不管是誰都會很不爽！因為你已經失控了，也打壞了人際關係。

在溝通過程裡，跟別人的傳達、接收，以及跟別人的對焦非常重要，這些關係到「控制」的基本功熟不熟練。能夠控制的人，才能夠把話說到收放自如，扣人心弦。

4 圓滿

所謂的「圓滿」，最簡單的解釋就是通通對到焦，開心地說完你要說的，然後結束。過年回家跟父母說話可以圓滿，碰到一些很久沒見面的朋友，或是要連絡一些過去發生過不愉快經驗的對象，都可以藉由說話的方式，把彼此的感情變得更圓滿，這就是一個基本功。

圓滿，必須包含前面三個條件：你可以懂、可以準、可以控制，最後的結果則是「圓滿」，彼此都開心舒服。

所謂的開心舒服，是指在這次的溝通，大家都能得到了解，就像今天打了好幾場場球賽，雖然有輸有贏，大家都了解彼此的實力，兩邊都很高興，也覺得過程很有意思。

不過，「圓滿」不一定是有什麼特別不得了的興奮、感動或激情，就只是讓一個話局達到彼此都能接受的結果。就好比去辦一件事、坐一段車程、參加一場比賽或是跟朋友吃一頓

飯，最後成功達陣、完美結束，這樣的結果所仰賴的，便是「圓滿」的基本功。

如果你跟人家吃飯每次都跟對方吵架，坐十次計程車，九次都跟司機叫囂對嗆，連搭公車每次都很不開心……為什麼會搞成這樣？這表示「圓滿」這項基本功有問題。

基本功不夠的人，不管碰到誰都會跟對方吵架，活像一隻鬥雞。這樣的人到底有什麼問題？就是前面三項基本功出了狀況——要嘛就是不懂，要嘛就是不準，要嘛就是不能控制，最後當然就無法達到圓滿的結局。

「圓滿」是一個基本功的融合。不管當下的情緒好不好，不管外頭是下雨或出太陽，不管遇到怎樣棘手的狀況，都應該要能夠達成任務。

如果你是餐廳的服務生，可能會遇到廚師出菜太慢、湯裡面有蟑螂或是桌子沒擦乾淨，客人抱怨或要求退款之類的問題，你都可以把它處理到「圓滿」結束。這當中的過程並不一定極度開心，但彼此最後都能得到了解，讓這個事件畫下句點。

這幾個章節提到了練習要素的基本功，是我個人多年來的研究心得。雖然不一定百分之百照這樣子去做才會圓滿，畢竟技術上的東西，永遠都可以有不一樣的見解與切入角度。本書提出這些重點的主要目的，是讓讀者了解這些基本功的存在，只要把它練起來，熟能生巧之後，在說話的藝術上必然會有所精進，甚至能夠改變你未來的命運。

第5章

說話，須精確對焦！

説話要如何能夠一針見血，切中要害？

其實，一般説話不一定非得一針見血不可。但是，如果你希望一開口就能夠切中要害，那就是一種功力了。要到這般的水準，就像武術高手能夠一出手就讓對方中招，馬上攻擊到要害；厲害的按摩師傅一按就可以找到痛點，但若讓功夫不到家的人來按，按了半天還是按不出個所以然來。

如果要達到一針見血的水準，就要非常明確地知道目標在哪裡。説話要一針見血、切中要害，以射擊做為比喻就等於是神槍手的等級。你不但必須是個神槍手，具備百步穿楊、百發百中的能力，還要隨時打哪裡就命中哪裡，不管目標在哪兒，一舉槍都能打中，而且可以命中要害，正中紅心——這就是對於神槍手的定義，完全是功夫夠不夠深厚的問題。

大家都希望有這樣的功力：把話講得非常到位，正中對方下懷。要具備這樣的水準，只有一個不二法門：多練習。這就像射擊、射箭、投籃一樣，想要一出手就命中目標，只能靠平常累積的練習，以及數量非常多的實作經驗。

射擊是一種對焦，照相也是一種對焦。對焦就是方向、角度不偏不倚地剛剛好，也顧及

到周圍環境裡每一個會影響的因素。就像唱卡拉OK時，當音準對的時候，那些背景的聲音就不會跑出來，那些背景聲音跑出來，就表示沒有對到旋律。如果你能夠完全對到音準，那些聽起來不對的差異就消失掉了。

對焦練習的重點，在於理解能力——你一定要知道人家講的內容是什麼，而且要了解對方的思緒，包括對方對於那件事情所認知的結構與水準，甚至還得考量現在的情況是怎麼一回事？你跟說話者要到一種非常對焦的水準才行。

譬如說，你要去幫一對正在吵架的夫妻調解。他們兩個人不管怎麼溝通，都有講不清楚的地方，你要有本事把他們兩個人的問題明確地指出來。你能不能瞭解兩方的狀況？能不能把兩邊不讓步的問題釐清？你是否能夠表達出雙方的心情？如果這些糾紛牽涉到婆媳、親家、祖孫三代，或是關係到雙方的教育背景、工作環境、文化差異等等因素，就得要花更多精神去深入探索了。

這種調解不是耍耍嘴皮子而已，你必須不斷地探究兩邊的認知差異和問題癥結，才能夠講出個所以然來；否則，人家只會嫌你多管閒事，叫你少來攪和礙事。你必須對每一個環節都很清楚，還要深入研究多邊角色的關連性，才有辦法一針見血。

對於某些人來說，說話要做到「一針見血、切中要害」似乎比登天還難，但這些水準都是可以藉由練習辦到的。至於要練多久，才能達到這樣的水準？完全要看你個人學習的意願以及進步的速度。千萬不要輕易放棄，當獲得這種能力之後，會讓自己說話很痛快，也會讓別人很欣賞。

我要如何知道對方想聽什麼話？

如果會問這樣的問題，背後的意圖就是想討好對方，你真的很在乎他，希望講一些他想聽、不覺得無聊的內容；或是你想表達其實你很愛他，盡可能地討對方歡心，雖然沒有一個字、一個字地把後面的意思說出來，但當中的意圖已經非常明顯。既然你這麼想知道對方想聽什麼，就得先把自己的意圖搞清楚，並讓對方知道。

說話最重要的目的是為了溝通，為了要了解。你想要講對方想聽的，這個意圖本身令人很感動，所以你可以告訴他：雖然有很多領域都可以說，但是你還是希望盡量說出來的是他喜歡聽的，所以你才會問他想聽什麼，自己也更清楚地知道可以說些什麼——這當中已經表

達了你的在意甚至是討好，這些訊息都已經透露出來了，就算你不說，對方也會察覺得到。反過來說，若是你本來就不懷好意，對方多少也是會有感覺的。

有很多時候，人家不會直接了當地告訴你，也不必感到過於挫折。你需要下點功夫，問多了、問久了，總有一天他一定會告訴你的。當你把自己的意圖明白告訴對方，他就會比較願意告訴你想聽什麼。要是你的意圖不那麼明顯，對方會覺得你很怪、很彆扭，他可能會以為你是不好意思或不懷好意，搞不清楚你到底想要幹嘛，這樣就會不對焦，他不會輕易講出自己真正想要聽的，或者只講一些客套話，甚至是不真誠的話。所以，你要把自己的意圖講清楚，要讓對方知道你的心意，再去問他想聽什麼，兩個人就會慢慢對焦。

想更深入地去了解一個人，就要學會一件事情：**常常把自己的感受告訴對方**，對方就會有比較高的意願跟你互動。在這一來一往的過程中，你會愈來愈清楚掌握到對方想聽的內容，察覺到他對哪些話題是有反應的，哪些則是比較沒興趣的。

以話題來說，你可以什麼都談一點。講一點政治，講一點人情世故，講一點家庭，講一些你的人生哲學與價值觀，講金錢，講工作，講交通，或是天氣、食物、笑話等等全都可以講，就會觀察到他對於某些話題似乎都沒聽到一樣，有些他好像接不上話；某些話題好像開始有了一些反應，或是突然露出很有興趣甚至是大開眼界的樣子，你可以察覺到他的表情變化。從這些反應中去整理歸納，就可以知道對方想聽什麼，然後再跟他確認是不是覺得這個話題有意思，對這個領域比較有研究？或是讓他自己表態，哪些內容還有值得探討的地方——這樣一來，答案就出來啦！

其實，這並沒有那麼難。重要的是你得先做足功課，想想該怎樣去應答，怎樣去跟他聊天，哪些話題是可以派上用場的。你要知道對方的背景，知道怎樣顯示出自己的誠意，很快地找到彼此共通的話題。

一般人最想聽的，都是跟自己有關的內容，所以基本上先說他的優點，讚美對方，這是最實在的方法。這樣的功夫若純熟了，就算是路上第一次遇到的陌生人，也都可以馬上對到焦。

了解對方想聽的內容，其實也不需要花多久時間，大概三至二十分鐘就能知道了；如果你已經認識對方一段時間，那就更容易了。他對於這個話題是否有興趣再聊下去，其實都很明顯，完全看你能不能觀察到而已。這就跟運動、演奏、創作一樣，必須常常練習才能掌握這種感覺。你要清楚地抓到球感，要對球場、球具、隊友的動作有足夠的敏感度，這些察覺

能力雖然天生就有，但仍要經過不斷的練習才能發揮到極致。

要觀察對方的反應，最好沒事就找陌生人搭訕講講話——不要覺得這樣很奇怪，其實這是非常健康的。既然活在這世上，認識多一點的人才會有趣，你得常跟身邊的人講講話，有事沒事多去接觸一些陌生人，說話的敏感度就會增加，也更容易找到共同的話題。

只要你常說話，就好比常磨的刀一定比較鋒利，只有當你能夠講別人要聽的話，才有機會讓別人聽你講的話，練多了，不管和誰說話都很痛快，豈不是增添許多生活樂趣嗎？

如何精確地找出對方值得讚美的地方？

這個問題用到「精確」兩個字，似乎太小心翼翼了些。既然講到精確，就在於彼此的看法與喜好是否對焦，有沒有辦法把話講到對方的心裡去。

不過，就算你朝著正確的方向去說，對方卻也不見得會喜歡聽，也不一定會覺得你說的很精確。換句話說，所謂的「精確」其實是非常主觀的，很難去定義。

舉個例子來看：你覺得對方很可愛，你覺得用「可愛」兩個字來形容應該是頗精確的。

於是，你對她說：「哇！妳真可愛！」沒想到，對方聽了竟然覺得很生氣！她心想：「哼，你說我可愛，意思就是我不漂亮嘛！為什麼要講我可愛？我最討厭人家形容我可愛了。」

你覺得她很可愛是你所認為的事實，但這並不是她喜歡的，她認為你在暗示她不夠漂亮，心裡還滿難過的。那麼，就算原本你想要很精確地讚美對方，又有什麼用呢？你把這些話講出來，只是讓她覺得傷心難過罷了。

所以，我們必須先對「精確」這兩個字來定義一下。讚美要精確，沒錯！但前提是建立在「對方喜歡聽」的基礎上頭。**所謂的「精確」，並不一定是你所認為的事實，而是對方所喜歡的、聽了會覺得心裡很爽的內容。**

同樣的字眼用在不同的人身上，便會有不一樣的效果。比方說，台語裡有一個字：ㄎㄧㄤˋ ㄎㄚ，形容女人過份精明能幹（編註：此字還含有氣燄高漲的意思，略帶貶義）。有些人被這樣的詞形容，她會覺得自己非常精明能幹，爽得不得了；但也有人聽了會很不以為然，心想：「你是不是在說我太厲害呀？是不是嫌我討人厭？」

要找到對方欣賞的地方，就得要了解他喜歡怎樣的讚美。假設，有個人很喜歡當和事佬，喜歡幫人家勸合不勸離，他對這方面下過功夫，那就應該對他這麼說：「你喜歡幫助人，最厲害的是只要經過你的調解，不管狀況多糟糕的怨偶都可以解決問題，是我見過最棒的和事佬！」

想當然，對方聽了一定會爽得不得了，這就是講到他心坎裡去，因為他就是喜歡這樣，他覺得你說的沒錯，幫人調解就是他的專長，他也喜歡聽人家讚美他這件事。那麼，你這樣讚美對方，就真的是「拍對馬屁」了。

再舉個例子。有些女孩子，在一般人的標準當中，她是個臉蛋漂亮、身材標緻的美女。不過，若你這樣告訴她：「妳真是個大美女！」她聽了不見得會感到高興。在你的眼裡，她可能胸型很漂亮、腿很漂亮、屁股很翹，偏偏她本人特別喜歡人家說她的水柳細腰。那你就跟她講：「妳的腰身真是最棒的黃金比例，曲線漂亮極了。」她聽了就會很開心。

可能在你眼裏，她本來就是個天生的美人胚子，你個人認為她的腿最漂亮。問題是，如果你讚美對方的腿，她可能沒什麼特別的感覺；你讚美她的腰，她就非常高興。

這是一個非常主觀，也是非常有趣的地方——有的女人喜歡人家讚美她的皮膚好，有的人喜歡人家讚美她的腰線漂亮，有人喜歡人家說她的面相姣好……所以，你必須如此精確地找出對方值得讚美的地方，而且不是從「你」的看法作為出發點，而是你對這個人的了解，講出來的話必須是人家愛聽的，要讚美到對方喜歡被讚美或是他引以為傲的優點，這些話才會有產生作用，讓這些讚美直達對方心坎裡。

要精確地找到值得讚美的地方並獲得對方認同，其實不難。譬如說，你並不認識對方，也根本不知道能否說到他的心坎裏，你就講一些非常一般、沒什麼特殊的事情。若是對方的應對進退還算得體，你可以說他很有禮貌，或是稱讚他的教養很好。要是觀察到更細微的地方，可以馬上再補話，效果非常地好。

平常跟女孩子說話時，你可以說：「妳衣服搭配的顏色很好看！」當然，你不要在她穿得很難看的時候這樣說，這種話會讓對方感覺很不實在，或是降低你自己的品味。但是，你看到她的皮鞋和皮包是同色系，這麼說就很精確了，因為這是大家都看得到的，也值得拿出來讚美；就算彼此是陌生人，你講了這麼一句話，關係就能拉近許多。

所以，你也不一定要刻意去迎合對方，尤其彼此的關係很陌生時，值得讚美的地方仍有不少。有很多時候，我們需要對陌生人讚美，像這樣的讚美是否精確，當然不見得百分之百能夠說進對方的心坎，但至少表示你有注意到他，或者你也欣賞他的格調，這種感覺很妙，對人際關係很有幫助。

要怎樣說出能夠讓人接得下去的話？

關於這個問題，最重要的功力並不在於你講了什麼，而要聚焦在於對方是一個怎麼樣的人。

這就好比打球一樣，傳球的力道太強或是太弱，都會讓對方接不到球，但也得要看跟誰一起打球。你跟沒玩過的人、校隊的人、業餘的人，或是跟職業的人打球都是不一樣的。有的人不是接不到球，而是球讓他接到了，他也得不了分。所以，話要讓對方接下去，這當中固然有很多的技巧，最重要的仍在於你的觀察，要知道對方是個怎麼樣的人。

如果對方是個什麼話都能接的人，就算你隨便講一些無厘頭、莫名其妙的話，接得對不對還不是重點，反正他就是接得下去。如果你身邊有這種朋友，你隨便講他就隨便接，如果你把話講得更精彩一點，他也會接得更漂亮一些，這就不是問題啦。

如果你跟某個話很少的人說話，速度就要放慢一點。可能你講了很多話，他好不容易才接上一句，所以你不能只講一句就停下來讓他接話，那是沒有機會成功的——就算你把球打過去，而且沒有殺球的意思，他也接不到球。如果你有這樣的朋友，你得要先講個二十句，或許他會回你一句，千萬不要講個三句話就停下來等他開口，就算等到天亮也等不到他接話，太尷尬了。

另外一個狀況，就是他對於目前的話題不感興趣，他沒特別的感覺或是沒這方面的知識，他根本接不了話。所以，當你希望對方能夠接話的時候，講的內容必須是人家願意開口的、對方有興趣的話題，他才接得下去。

假設你遇到一個阿嬤。老人家不懂什麼新科技，你拚命跟她講電腦的東西，這些東西或許是你的專長，但她根本聽不懂你在講些什麼。你希望她接話，她要怎麼接？有些人或許勉強亂接了一下，但還是文不對題，這樣怎麼聊得下去呢？

你可以這麼說：「阿嬤，你覺得這些新科技有意思嗎？還是很無聊？」這種問法，老人家開口接話的機率就大多了；然後你再順著對方說的話繼續接，就可以了。

說話要讓人家接得下去，要調整到雙方能夠溝通的頻率，你要講到讓他聽得懂。很多時候，聽不懂的人乾脆就選擇不講話了，所以你常會看到某個人自己一直講，旁邊卻沒人接話的尷尬場景，就算他妙語如珠，人家還是接不下去呀。

要別人能夠接得了話，就得把話講到讓人聽了感到舒服，講話的速度、言詞、情感都要對方能夠接受。以打籃球來說，要把球送到籃框裡，得先順著籃框的高低位置把球放進去，才會進籃得分。既然籃框的高度是固定的，來到不同的球場遇到高度不同的籃框，投球方式就得改變了，但會打的人還是可以進籃得分！

如果現在是你在說話，除了表達之外，你還得察覺對方的感受與情緒，他能否接得下這句話？同樣的話有很多種表達方法，也有許多不同的切入點，你只能夠說他能接的話，這樣才有辦法繼續講下去。

有時候，你會以為某些人好像沒在聽你說話，其實不然。他不理你，是因為你沒講到一個讓他覺得有興趣的話題。如果切換到他有興趣的領域，他馬上會接話，而且侃侃而談，很有得聊。

所以，你要讓人家接話，除了速度快慢的控制之外，一定要找到對方能夠接的話題，否則就會陷入「話不投機」的陷阱裡，或是自己一個人在那兒唱獨角戲了。

為什麼人家常認為我講話是故意在找碴？

如果有很多人曾經對你說過你有這樣的問題，你卻覺得不是這樣，這就是你跟別人的「不對焦」。

所謂的「不對焦」，就是人家講的話你沒辦法了解，你沒有聽懂別人在講什麼，也不曉得怎樣去問，或是你詢問了對方，但說話的方式卻給別人一種「打破砂鍋問到底」的感覺，執意要人家回答你的問題。有些時候，你過於執著在一個非常小的事情上，例如你想問A，別人從B、C、D的角度給了你答案，偏偏你就是不予理會，還拼命問A到底是什麼？當你只著重在你要說的東西，或是一定要找到你心目中的標準答案，別人就會覺得你在找碴。

舉個實際的例子來看。「現在是幾點？」你問別人這個問題，希望對方可以告知現在的時間。可是，對方身上沒帶錶，他跟你說：「我沒帶錶，不過看天色現在滿晚了，應該是吃晚飯的時間了吧。」

「我不曉得是幾點，不過走到現在，大概已經有一個鐘頭了。」

「我不清楚，不過再過兩堂課之後，我就可以見你。」

他已經將自己能夠回答的答案給你了，但你仍堅持對方要給出一個精確的答案，一直在那兒問：「喔？那到底是幾點？」這不就是找碴嗎？

在醫院掛號的時候，醫生可能會告訴你：「前面還有三個病人要問診，之後就換你。」你卻一直問：「那到底是還要多久才會輪到我？」人家就會覺得你是故意在找碴。

當你問朋友說：「你要吃什麼？」朋友對你說：「我不是很餓，到時候看看再說吧。」你卻一直在問：「等一下要買什麼給你吃？」

「你到底要吃什麼？三明治好不好？」

有很多狀況是當下沒辦法講清楚，或是對方也不見得知道答案。他有可能不願意把話講得太明白，或是已經給了你暗示，此時你也應該瞭解別人的難處而就此打住，再下去就踩到底限了；偏偏你還很不識相地繼續搞下去，人家當然會覺得你在找碴，覺得你是故意的——**會發生這樣的問題，是因為你太執著於自己想要得到的東西，卻沒有跟別人真正地互動**，這是一個溝通上的致命傷。

說話是一個互動的關係。如果你是自己打牆壁或是打沙包，你愛怎麼打就怎麼打，打到手斷掉都沒有關係。可是，如果你跟另一個人在互動，對方說的話你都不予理會，只顧著講你自己要說的，人家當然就不理你了，你卻又逼著人家非理你不可，這就分明是在找碴了。

做人要有自知之明。跟別人講話，得要把對方的感覺、後面會引發的結果全部考量在內，也要特別注意雙方溝通的份量是否平衡，彼此之間是否有足夠的空間。如果你非常自私，只顧著自己要講的、只求自己要得到的，別人就會感覺你在找碴。

這就像奶茶一樣，他是茶、你是奶，攪拌在一起就變成奶茶。你不能只管奶的品質，茶就不予理會了。或許茶可以濃一點，或是奶可以多一點，比例多寡端看各人喜好；但無論如何，奶跟茶是一體的。

在說話當中，大家都會有所互動，彼此是無法分開的。你一定要有這樣的觀念，否則開始講話之後只顧著自己這邊，就像得到一杯奶茶之後，還硬要強迫把奶跟茶分開，只管奶夠不夠或只在意茶香不香，這當然就是找碴了。

最後要提醒各位一件事：**你不能自己先有一個標準答案，再去問人家，期待別人說出你心中預期的標準答案。**這樣的作法就是自打嘴巴，感覺上是在請教對方，卻又不給對方自由回答的空間。說話不是猜謎，強迫對方玩這種遊戲只會讓人感到非常生氣，覺得你很沒水準，也會嚴重影響到人際關係。學會有禮貌的互動，尊重別人，就不會有找碴的問題了。

第6章

控制說話的訓練

如何挑選說話的正確時機？

說話挑選正確的時機非常重要。如果對方的心情好，切入的時間點是對的，談話過程就會順利很多，若有什麼預定目標，成功機會也會大幅提升。如果對方並沒有想聽的意思，受挫的風險當然較高——如果你想說的話有迫切處理的需要，那又另當別論了。

所謂的「挑選」時機，雖然字面上說是「挑選」，但並不是挑選良辰吉時的那一種「挑」法，而是看那個時間點方不方便。最直接有效的方式，就是**先跟對方確認現在方不方便講話**。要是這個話題非常重要，需要花點時間討論，現在對方剛好沒空，可以改約個時間再談，這樣對彼此都好。為什麼要這樣呢？這表示兩個人有了共識，知道後面有事情要談，心裡先有個底，這是非常重要的準備工作。

有了事先的準備與安排，時間也比較容易控制，這是給予對方尊重的空間。如果冒失地突然約朋友去吃飯聊天，就算沒什麼惡意，但對方不見得有空陪你哈拉，被拒絕的機率自然就比較高。有些人平常看起來挺閒的，好像沒什麼事要忙的樣子，但你還是得先跟他確認一下有沒有時間說話。千萬不要擺出一付人家非得跟你說話不可的模樣，如此一來還沒開口講話，就已經得罪對方了。

另一個要確認的關鍵，是需要跟對方「講多久」。

有很多時候，說話時間沒控制好，對方會突然跟你說：「抱歉，我要去接小孩了！」或是：「啊，我忘了還有下一個約會！」那就沒辦法繼續講下去。也有些時候，對方跟你講好可以談兩個鐘頭，但時間超過之後，他就不想再繼續說下去了。即使你不能保證在原先說好的時間內講完，但讓對方知道可以講多久的提醒動作，仍是非做不可！千萬別只約見面的時間，卻沒有清楚告知需要講多久，最後造成對方的困擾，就變成是你的失禮了。

如果你說：「我們就約明天下午吧！」你預設的時間是一點到六點，但對方所想像的是下午三點半見面，最多講到五點他就要離開了，雙方的認知有所落差，便有可能會產生不愉快。

你最好清楚地跟對方約定：「咱們今天中午十二點見面，最多講到下午兩點。」若沒有這麼清楚地約定，很容易就會出現「講著講著，他就說他得先走了」這種情況，感覺不是很好。所以，不管是約會或談正事，還是要有時間上的約定，這樣的共識是有必要的。

時機是由自己創造的。你可以去協調，然後找出「最正確」的時機。這個時機並不需要像中樂透那樣地靠運氣，也不像在等出太陽或彩虹出現那樣，而是先跟對方確認有沒有跟你講話的機會，以及需要多長的時間即可。

除了時間上必須有空之外，也要挑選對方心情比較舒適、可以面對的時間點，盡量避開他很倉促、心裡有事在擔憂的時段。他可能沒心思跟你説話，或者雖然他很忙，卻還是願意抽空跟你聊天？你必須先進行確認之後，才能擁有正確的説話時機。

對方心裡有事時，不見得會顯露出來，但仍可以靠著察言觀色了解狀況。譬如説：對方接到家裡來電告知有急事要處理，顯得有些焦慮；或是神情很緊張，因為找不到他的孩子；或是看著手機，心裡七上八下的模樣，沒空去接收其他的訊息；或是他一臉倦容，一整夜沒睡等等。在這些情況之下，就不該強迫對方跟你説話。

可是，有些時間點是很巧妙的。譬如你有急事必須找老闆親自面談，但老闆平常很忙碌，在分秒必爭的情況，你看見他走進餐廳找了位子坐下來，剛好附近沒別的客人，那個説話的時間點就必須精確地逮住。像這種幾秒鐘的機會，完全要看你能不能掌握。

有很多的説話時機過短，你能做的事不多，頂多只是簡單地自我介紹，遞張名片、講個兩句話，不太可能跟對方談什麼事情，更甭提要聊一些心裡話。你只能巧妙地運用這些短暫的時機，把你要傳遞的消息講出來。例如告訴對方什麼事情已經成功了、有什麼事要恭喜他之類的短訊息，讓對方心裡有個底。這個小動作，會帶來相當微妙的效果，讓溝通的順暢度提升很多。

你必須了解，許多事情是有時效性的——有些好消息拖了幾天，就不再算是好消息了；有些消息晚個幾分鐘再傳出去，就會釀成一場災難，所以必須精確地掌握傳達訊息的時機，一旦錯過了，一切都枉然了。所以，「正確時機」並不一定是幾點幾分，或是一定要在什麼場合說話；重點是對方的心情好不好、有沒有空閒接受你要傳達的溝通，如果你並不是很確定，最好還是先問一下，若需要一個比較適當的時間，就一定得要先跟對方約好，而且一定要講清楚「幾點到幾點」，這樣才是比較專業、精確的說法。

在某些約會的場合，尤其是工作上的會議，如果沒把時間講清楚，到時說話的時間不夠，還得再約下一次，這樣的過程會讓人感覺拖泥帶水。你得很清楚知道這件事需要講半小時還是一小時，要講兩小時甚至五小時，通通要先估算好，並在有限的時間裡把該說的話說完，讓話局圓滿結束。要是時間估算錯了，要談的事情可能就會談不攏。

在約時間時，最好還是比你預估的時間稍微再長一些，畢竟話局早點結束不會有什麼問題，但如果超過約定的時間太久，問題就會發生了。所謂的「時機」——時間與機會，兩者都要學會去控制、去創造，這是非常重要的觀念。

如何掌握説話的主動權？

說話的主動權就像發球權一樣重要。在球類運動之中，如果你手上有發球權，得分機率是比較高的，所以大部分的球賽都在搶發球權——只要球在你手上，就擁有更佳的優勢。

掌握説話的主動權就跟搶球一樣，搶到就是你的。所以在説話過程中，要很精明地把説話權抓過來。當然，要是很蠻橫地硬搶，會顯得相當不禮貌，重點在於該輪到你説話時千萬要接話，就算沒輪到你講話時，也要懂得在適當時機把話接過來，只有當你講話時才算是真正有了主動權。

講話就像搏擊，只是打拳是用手腳、身體出招，講話則是用嘴巴出招。只要你在講，你就等於是攻擊方；若換成別人在講，你就屬於防禦的一方，誰在講話就是處於進攻的狀態。最好看到人就先講話，至於講什麼內容，就得另外再研究了。但是你得瞭解一件事：如果要掌握全場，就一定得採取「主動」——意思就是你得要發言。

說話跟打球不一樣的地方，在於說話不是比賽，而是一門藝術。有些時候，你會故意留機會讓別人講話，那是因為彼此有互動的關係，就好比在打籃球時只要某一隊得分了，就會輪另一隊控球，或是打乒乓球時你先發三球，接下來再換我發三球，之後發球權再輪到你手上。如果主導權永遠都在一方手上，人家就不想跟你打了，偶爾將發球權讓給對方，反而是贏得加分的一種方法。

在一般的比賽裡，關於發球權會有一些規定，但是說話裡並沒有這樣的強制規定，不可能要求你講幾分鐘就要換我講幾分鐘；這不是辯論比賽，也不是在演講。日常生活的說話是隨興的，有時候你是主角、他是配角，你講很長、對方講很短都還是平衡得很好；有些時候又換他是主角、你當配角，不一定每次都是手上有主動權的人才可以掌握事情。這就跟說相聲一樣，兩人一搭一唱，只要對得上就可以了。

至於所謂的「主動」，在溝通裡就是先說話，先發制人。關於掌握主動權，有一點是非常重要，就是該你接話時千萬不能停在那兒不答腔，即便只是千分之一秒的瞬間，你都要能夠把話接過來——有時候兩個人都沒講話，那到底誰要先說呢？這就是你可以掌控主動權的時候了。

至於當別人在講話時，要怎樣找機會切入？這就等於是在對方運球的過程中把球抄截過來，或是對手把球傳出界了，你不要去接，主動權就會自動交換。在講話過程中，對方一出現空檔時馬上就要接上去，如果一直處於被動的等待狀態，機會就會溜走了；該你講時你卻閉著嘴吧不說話，就更沒機會掌握主動權了。

當你和對方一搭一唱時，隨時都可以搶回主動權。有時候人家講得慢一點，也可以把握機會把說話權搶回來——**搶說話權其實是時間點的問題**。有時機會只有千分之一秒，當他有些停頓、猶豫，或是話題繞來繞去講不出個所以然時，你就可以見縫插針，可以先幫他把要講的話講完，然後就講自己要講的東西，主動權又回到你手上了。

在掌握的過程中，你必須非常清楚目前對方講到哪裡，你得跟著局勢起伏的感覺走。就像在河流裡游泳時，必須感受水流的方向與速度一樣，你要知道現在這個時間點可不可以岔開話題？什麼時候可以換你說話？你是不是有機會掌控更多的主動權？這就跟抄截籃球的練習一樣，必須掌握速度與節奏。

如果運球很慢的人對上抄球很慢的人，那誰也搶不到誰的球；然而很會運球的人，你根

本碰不到他的球，要是你比他更快、更敏捷，在那千分之一秒之間，你就有機會把球搶過來。

你運球運得好不好、抄截能不能成功，就跟你能不能接話、懂不懂在關鍵時刻把話插進去，把說話權給搶過來，完全是基本功的問題。就算你有話要講，也得看你能否察覺到一個適當的時機？就算察覺到了，切入的速度是否夠快，有沒有辦法將說話權搶過來？這種時機的觀察力跟說話切入的掌握必須互相配合，否則就算你想「搶」，也沒辦法成功主導。

切記，說話畢竟不是比賽，「搶」只是一個比喻，還是要顧及優雅、舒適跟禮貌。要能夠順勢接話，而不是野蠻地硬搶，爭到雙方面紅耳赤就不好了。優雅的說話必須接得順、接得快，自然又實在，而且必須一直是主動出擊的。

如何妥善控制說話的時間？

時間這個條件，在說話裡頭非常重要。至於控制時間的問題，經過練習可以讓你有足夠的經驗跟感覺，就像我們不知道是不是已經中午十二點了，也會知道是不是餓了，時間應該差不多了。所以，時間的控制是一種感覺，一樣可以訓練。

若有人說：「糟了！我真的對時間毫無感覺，該怎麼辦？」其實也很簡單：設鬧鐘。你先把碼錶按好，先以一個小時為基準，一開始可以先設定半個小時響一次，提醒時間已經過了一半，再於四十五分鐘響第二次，最後五分鐘甚至可以倒數計時，不斷提醒自己，最後時間的控制就會很精準。

講話的時候要安排適當的時間，應該要開門見山，一開始就將重點講出來；切忌拖拖拉拉，廢話講一大堆。就算時間快到了也不用緊張，一樣可以很從容。要是你可以明確地控制時間，就會知道需要如何調整說話的方式，在有限時間內呈現你要表達的內容。

當要上台演講或是公司簡報，你要知道自己有多少重點要講，每項重點都要分配好時間——哪一點講比較多，哪一點可以講少一些，哪裡該快，哪裡可以放慢，這都是可以事先規劃的準備工作，成為你所預期呈現的狀態。所以，最好有經過預演彩排，用碼表計算出每一部份需要多少的時間。

接下來，就是寫逐字稿的工作了。逐字稿跟時間控制的關聯性，重點在於說話的速度要多快？每個段落會耗掉多少時間？也要有一些時間預留做為緩衝。如果時間剩太多，那你還可以講些什麼？如果時間不夠了，有什麼內容是可以省略掉的？這些都是經驗，你得想辦法把它們搭配在一起。

逐字稿對於時間的關係，就好像整理行李一樣。什麼東西可以多帶一點？如果沒辦法帶那麼多，哪些東西可以拿掉？要是最後空間還有剩，可以塞些什麼進去？這些都是需要事先規畫、需要練習的。這種練習是相當耗腦力的事情——坦白說，練了還不見得能夠控制精準；要是沒有事先練習，怎麼控制好時間呢？

不過，若你真的對時間不夠敏感，和別人說話時就要想辦法提醒自己。你不需要很緊張地一直看錶，只要給自己設個鬧鐘，到了差不多的時候提醒自己，或是請對方提醒你也行。你可以先跟對方說：「我們還剩五分鐘，好好把握一下，要講的趕快講完。」這沒有什麼不好意思的，只要先講清楚，就不會有失禮的問題。

要在有限時間內把想講的話講完，平時的練習就要學會計算。一場舞台表演，音樂演奏多久、演員怎麼搭配動作，全都是經過計算的。在電視、電台訪談時，受邀來賓可能不需要計算時間，只需要講出他要講的話；但是主持人一定要掌握好時間的控制。

當你在講話的時候，要把自己當成是主持人，主導這場溝通如何進行——換句話說，你必須學會控場，控制節奏快慢，控制話局開始與結束的時間。這都仰賴於你要有意識去留意，不能漫無目的的亂聊。

當然，如果你只是去市場買菜，或是休假時在路上遇到老朋友，大家沒什麼特別的事情，只是純粹話家常，時間控制得精不精準就沒那麼重要。但是，如果你真的有事情要先離開，就要講清楚還有多少時間可以聊，沒什麼不好意思的。要是讓對方誤以為你不想跟他聊了，你不講清楚，才會出事呢！

在説話之前，彼此把自己的狀況跟需求講出來，就不會傷感情，也是把生活妥善安排的一種主導方式。你會有足夠的時間去做其他的事，不會一直處於失控的狀態，話一直講啊講的，其他的事情都不必做了；更慘的是講了一堆廢話，講完了沒多開心，正事也沒辦成，豈不是雪上加霜嗎？

如何控制説話的速度，不過快或過慢？

關於交談速度的控制，必須觀察是跟什麼樣的人在説話。

説話是要跟對方交流互動，所以，到底是過快還是過慢，應該是以對方的速度做為標準，不是以自己做為標準。如果是你自己沒辦法講得更快，或是說話速度慢不下來，這都是你的問題，不是對方的問題。

為什麼一定要打好基礎？完全是為了配合講話的對象。所以，你要看看目前這樣的說話速度對他來說，是否過快或過慢。

如果是你說得太快，可以觀察到對方似乎回不了話，開始神智不清或感到困惑，不知道你在講些什麼；他說出來的話似乎跟不上目前的主題，然後變得有點緊張……這些狀態，就表示你說話的速度過快了。

比方說，你提出了一個問題。對方都還沒有答完，你又提出了下一個問題，對方還在思索前一個問題到底是答還是不答呢？可見你說得太快、太急。這是大致上的感覺，並不代表每一個人都一樣，而是一種可以觀察的現象，提醒你察覺到對方的反應好像來不及了。

如果是過慢的情況，你會發現對方開始不耐煩。他會問你說：「你到底要講什麼？」

「你能不能趕快告訴我，你要問的是什麼？」

「你還有什麼話要講的？」

你會明顯感覺到對方想要結束這個對話。他似乎想要催你，希望你講快一點，而且開始有點浮躁、無聊的感覺，就可以知道是自己説話的速度太慢。

速度太慢會讓人覺得無聊，開始玩手機或東張西望，做別的事情。這表示對方接收訊息的閒置時間太多、密度不夠，他沒有辦法坐在那邊專心聽你講話，或是覺得你很囉嗦、沒有新意、內容不紮實或張力不足，就是太慢了。

如果你完全觀察不出個所以然來，只覺得對方跟你聊得很開心，一直很有禮貌地來來往往——除了事實真的是如此之外，也有可能是他怕得罪你，或是對方的修養很好，沒有表現出不愉快或不耐煩的情緒。像這種情況之下，你就應該主動問他：「剛剛我有沒有問了什麼東西，是你還沒有回答的？」如果他有感覺到什麼，就會告訴你。

在説話的時候，必須有意識地去調整速度，知道現在應該要加快，還是要放慢。若是真的感覺不出來的時候，最笨也是最直接的方法就是説：「我是不是講太快（慢）了？」這麼説，並不會讓你丟臉。還有其他的方式，可以婉轉地表示是否太快或太慢。比方説：「是不是我講的東西不夠精彩？」（太慢）

「這個東西有點無聊，對吧？」（太慢）

「我能不能再接著講其他的東西呢？」（太快）

「你是不是有什麼其他的事情要告訴我？」（太快）

「是不是有些東西，你還沒有完全了解呢？」（太快）

如果發現自己說得太快，可以先讓對方講。等他講完之後，再繼續講你要講的，然後再問對方：「你有沒有問題要問我的？」這種方法可以讓自己的步調慢一點，也讓對方有機會可以把剛剛還沒講完的東西說完，大家都會比較舒服一點。

說話的速度控制，最好在經過一段時間就稍微確認一下。如果現在你正在說話，可以試著把發言權轉換到對方身上，就會更清楚到底是過快或過慢，還是有一些其他的問題，換他說話時，這些問題都會跳出來。只要給對方一個機會，確認剛剛的對話有沒有什麼問題，出錯的機會自然會少一些——除非你很有把握，兩個人相談甚歡，不然最好還是檢查一下，有速度上的問題便可以再重新調整回來。

怎麼樣算是話太多？怎麼樣算是話太少？

這個問題的拿捏，完全是看不同的對象而調整。你跟某些人講話的時候，話說愈多愈好；有些場合人家不希望你發表太多意見，話講愈少愈好。有些人討厭你話多，有些人討厭你話少；有些人不在乎你講太多、有些人不介意你話太少，所以你要知道到底是在跟誰講話，跟這個人溝通時所需要的話量是多少。

平常跟別人講話時，不見得都是各講百分之五十的比例。有些時候，對方只願意講三成，就不願意再多講了；那剩下的這七成要由誰來補？當然是你來補了！要是你也不想補話，兩個人大眼瞪小眼，這跟話太多太少的問題無關，因為這種狀態根本就不算是溝通。

一般來說，話多好過於話少，話講的再糟糕，總比什麼都不講好。當然，話講得不得體，人家還是會叫你閉嘴，至於好話多說一些，是一定沒問題的。如果你可以補到一百分，讓話局很完美，他便不會覺得你話太多。但是，如果你講五成的遇到一個要講八成的人，時間要是控制不好，整個話局就會拖很久，最後甚至變成雞同鴨講、各說各話，很明顯這就是話太多了。

說話要達到藝術的境界，雙方必須要有互動的心意，一起把話說好，說到滿。只要有一方一直要搶話，或根本不想講話，被動地等人補話，讓別人一直撐場面，這樣不僅不禮貌，更談不上有什麼藝術了。

第 7 章

察言觀色，看穿對方心思

從談吐中觀察他人反應

從對方的談吐中觀察反應，是說話非常重要的一門功課。你不能只聽字面上的意思，他說出來的話只代表一部分的訊息，你聽對方說的內容，還要配合他的表情、言行舉止、反應態度，進一步了解他到底要表達什麼——**不是用猜的，而是可以看穿對方的心思。**這不是讀心術，而是一種觀察的練習，也是一門非常深奧的學問。

這種能力是可以藉由學習達到的。你從對方的反應當中，觀察他真正的想法到底在想什麼。比方說，他透露出些微的遲疑，這當中到底是為難的猶豫呢，還是經過老謀深算的思慮？他是不願意，還是不真誠、有邪惡意圖？他是心情不好呢，或是覺得話不投機？還是覺得苗頭不對？在他的反應當中，可以感覺出一些說話裡面沒表達的訊息。

一般來說，一個人到底開不開心、舒不舒服，很難完全掩飾住的。你多少能夠從對方的話語、表情、身體語言當中察覺到他的意圖，就算沒有九成的把握，但至少七八成是絕對看得出來。除非你遇到那種經過特別訓練的特務份子或江湖術士，也就是那種喜怒不形於色、城府很深的厲害角色，一般人很難看出他心裡在想些什麼。即使在如此特殊的情況之下，你

還是要很努力地去察言觀色。

對話時，只要錯過關鍵的一剎那，便有可能錯失機會，因為你希望對方透露出來的訊息，可能只會在那千分之一秒的時間裡發生；如果你錯過了好幾秒，或是一直在那兒玩手機、喝咖啡、吃甜點，而沒有仔細觀察對方的表情，自然就完全錯失對方想要表達的意思了。

所以，說話的時候一定要集中精神，觀察對方身體的反應，推敲他說這句話的來龍去脈。你不應該只是聽對方說聲好或點個頭，就覺得他應該是答應了。如果你沒有足夠的興趣和別人說話，就會錯失許多原本可以掌握的訊息。

這就像在畫圖，隨便選個顏色塗個兩筆就是一朵花；換成別人畫就不是這樣，他很在乎光線、亮度和一點點的色差——光是綠色，就有幾百種不同的顏色可以挑，非常在乎這些細節，這才叫做「藝術」。察言觀色也有很多的學問，一定要很認真，才能看出其中些微的差異。

說話是一種時間性的藝術，每一場談話都是曇花一現。如果是錄音帶的話，你可以倒帶，但如果是現場即時的對話，沒聽到就沒聽到，那一秒中你錯過了某個表情，對方也沒有辦法再做一次，因為他沒那個感覺了，就算有錄影機在拍，沒拍到也就沒了。

每個人都會察言觀色。然而，觀察的時間點不一樣，解讀的意思也不會一樣——在看到某件事之前、之後，或是只看到中間，當中的變化、意思都不一樣；有在現場看到的人，和沒有親眼看到的人所感覺到的意思也不會一樣。如果沒有那麼認真，你所接收到的訊息就會有錯誤，就像雷達只開一半，或是只看到左邊卻沒看到右邊，意思當然就不一樣了！

說話只是溝通的一種表達方式，但溝通卻是全面性的，不僅僅是話裡的那幾個字而已。對方的音調、態度、表情、身體動作帶給你的感覺，通通都包含在觀察跟接受的範圍，將這些訊息全部歸納之後，才是對方的真正的意思。這個問題的層面很深、很廣、很多元，有很多角度是可以研究的，也正是因為有「興趣」，才能夠探索地這麼深入啊！

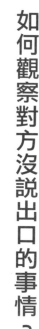

如何觀察對方沒說出口的事情？

沒說出口，即表示對方有話還沒講完——可能他只講了一半，也可能是還沒有真正講出自己的意見，這並不是那麼容易一下子就能觀察出來的。有些人心裡有很多話沒有講出來，但連他自己都不知道，因為他還沒想到，或是他根本不知道有沒有表達完，自己都不是很敏感。

觀察別人說話時，如果對方已經把該講的話講完了，他會呈現出很滿足、很開心的狀態，會有鬆一口氣的表情，胸中那一口氣吐完了，心情、表情都應該很乾淨才對，不會有一絲絲的疑惑、焦躁、不滿的負面感覺。如果對方講完了，但你還是看到他很急躁、緊張、擔心，或是吞吞吐吐、欲言又止，或像熱鍋上的螞蟻坐立不安，這些狀態大部分都顯示對方的話還沒講完。

不過，也有些人明明已經沒什麼話好講了，感覺上仍像有話沒講完——其實他只是緊張而已。至於在緊張些什麼呢？有時候，連他自己都不曉得。

所以，這種事也不保證一定觀察得出來，更別說是要求對方把沒說完的事情講出來。就算觀察到表情不對勁，卻不見得有辦法逼對方講完，他可能打死也不會說，也可能是真的說不出口。

遇到這些情況，儘管問也不見得問得出答案，你仍要詢問對方的想法。如果你發現他還沒講完，就必須延續剛剛正在談論的話題，不能把話題轉移開。你也得一直表達自己的意見，然後再請他講，等他講到一個段落之後，你可以換個角度講講自己的意見，之後再一次請他陳述自己的想法。如果他還是不講，你就描述一下自己對於這件事的收穫與心得，然後再問問他要說什麼。

你得要學會不厭其煩地反覆引導對方，給他一些時間、一些空間、一些感覺，直到講出他想切入的重點，講到他心癢癢的，想再繼續講下去，他就有可能把後面的事情講出來。

可是，如果連你自己都講到口乾舌燥，或是講到話不投機，當然就沒辦法引導對方，兩個人從頭到尾都沒把話講完——這就是戀愛過程中很容易出現的情形：女孩子有話講不出來，男孩子不懂得引導，兩個人只好互比悶騷，像乾柴烈火偏偏又燒不起來。這是說話功力不足，沒有辦法那麼熟練地應對，最後就沒戲唱了。

平常你就得多練習講話，真正需要講話時才不會詞窮，不會沒話可講，而且還要能夠引導對方，讓他把話說出口。你必須要有炒熱話局的功力，懂得鼓勵、激發，圍繞話題重點反覆切入，講到讓對方不吐不快。

當然，你肚子裡要有些真材實料，談論某個話題可以用各種角度去思考，讓話局有新的突破，也給予對方不一樣的方向。如果只是重複講著同一句：「你到底還有什麼感覺？」「你還有什麼沒說的嗎？」

這樣的對話模式，聽起來很像在跟機器人說話，對方就更講不出來了。

比較好的示範是：「你還有什麼沒說的嗎？」

對方說：「沒有。」

若你感覺到他還沒講完，你就得一直講。你可以說：「其實，我在這個話題裡還有一些東西沒跟你說，咱們還可以再探討。」你再接著問對方：「我對你的看法還是有些好奇，不曉得你有什麼想法？」

再舉一個例子。你跟朋友聊了很久，該是回家的時候了。你跟他說：「喔，我差不多該跟你說再見了！」，他卻遲遲沒有反應，此時你便知道對方還沒結束當下的話題。只要你說了適當的話引導對方，他就會陸續吐話。

你要想盡辦法，用不同的角度、詞彙，用各種情感的表達方式去引導。所以，說話真的不是你想像的那麼簡單——會的人覺得沒那麼難，不會的人就算搔破了頭，還是不知道如何是好，兩個人大眼瞪小眼，這完全是功力夠不夠深厚的問題。

為了讓自己成為一個很會講話的人，你一定要學會這些察言觀色的本事，準備好自己要講的東西，把可以用來引導對方的句子，一字一字地寫成逐字稿，把每一句都練到滾瓜爛熟，這是必做的準備功課。

「觀察」這個動作，還必須包括「一直引導」。察言觀色不是在那裡呆呆地一直看，或是一直在聽人家講什麼，這是常見的迷思——應該是你先講些什麼，再觀察對方有什麼反應。重點是你要會講，才看得到對方的反應及變化。

所以，你必須一直講話，不能只是靠「觀察」，不能只盯著對方有沒有眨眼、有沒有什麼表情變化、有沒有捏鼻子之類的，你沒辦法觀察得如此細微；只有在自己講話的同時，才能真正地察到言、觀到色，你要看的是他對這個溝通所談到的事物的反應。

如果你沒有繼續講話，對方就不會有變化，也無法觀察到他是不是有話沒說出口。你講黑的，才會知道他對於黑色的反應，講到紅的，才會看到他對於紅色的反應，講到金的、黃的，都有不一樣的變化，這些反應是因為講了某些話才出現的，察言觀色才有意義。如果沒有這般頻繁往來的互動，就不會有這樣的結果發生。

總而言之，觀察一定要在說話的互動中進行。你講的話要有內容，講到好笑的他會笑，講到傷心的他會哭，對方才會有所反應，但就是要一直講下去。「不斷講話」的動作是讓時間前進的過程，你必須用說話的方式引導對方，再觀察對方到底是不是有話沒說，或是根本

不想說。這是非常深厚的功力，只有在說話的時間推進過程中，才有辦法察覺到底發生了什麼事。如果你沒辦法繼續講下去，就算再怎麼擅長察言觀色，也沒有多大用處。

有些時候，連對方也不曉得自己是不是有話沒說，這種狀況的難度又增加了。你除了得曉得他有話沒講之外，還得幫他把沒講的話給挖出來，這都需要一些經驗與功夫，在生活中不斷練習，才有辦法做到。

要如何引導不說話的人，把心裡的話說出來？

「引導」不是一件簡單的事，對某些人來說，這簡直是天方夜譚。但我必須告訴你，引導是做得到的，至於對方能說到什麼程度，便要看你有多少毅力、多少能耐。

要引導對方說話，尤其是不講話的那種人，得要很有耐心，不能有時間上的考量限制。他可能三小時之後才會說話，也可能要等到八天後才願意講話。如果你的耐性只有五分鐘，奉勸你不要去幹這件事比較好。

引導說話就像開刀一樣，一旦這一刀劃下去，一定要到全部結束才能停。需要三個小時的手術，你硬是限制十五分鐘內就要完成，這個刀要怎麼開？沒有那種刀開到一半，就要叫人家出去的事，傷口還沒縫起來病人就推出去了，這個病人本來不會死的，但你沒時間縫合，結果變成失血過多，本來你是要救他的，反而變成害了他。

為什麼人生遇到障礙時，需要找專業諮詢人員來跟你講話？因為這種「引導」說話的人，是要經過嚴格訓練的。

如果你要問一個人有沒有吃過飯，你不能只是一直問他：「有沒有吃過飯啊？」，或是：「你吃飽了沒？」這不是倒裝句的問題，能夠讓你這樣問來問去；就算你一直問，對方也不會回答的。你要問得很有技巧，可能問他：「昨晚吃了什麼？」

「現在餓嗎？要不要喝水？」

要用不一樣的方式去跟對方講話，切入角度要很多元。你甚至可以誇張地問他說：「你昨晚作夢，夢到吃了什麼東西？」這些都會增加引導的效果。如果你自己都無話可講，還想要去引導別人，根本是癡人說夢。你要有敏銳的觀察力，要很有耐心，還要能夠補足對方講不出來的話。如果你講對了，他的表情會不一樣。這狀況很有趣的。

引導對方說話的情況有很多種，實在很難在短短的一個問題裡，把我所知道的專業知

識、經驗都寫下來。這裡能夠給你的基本方向，就是要有耐性，要挑對地點、時間，這些都要對。如果引導到一半就破功，覺得對方很難搞，自己受不了就放棄了，下次要挖出來的機會就更難了。

如果是重要的大事，最好還是求助專家吧。要是你真的要去引導，得事前好好想過、練習過，準備所有你能講的話，然後再出招，成功機率就會高一些。希望各位讀者至少要明白，要做到這件事並不容易，要有足夠的體力與心力，你必須做好心理準備。

如何判斷究竟是「花言巧語」還是「真心誠意」？

一般人常常在被騙了之後，就說自己把「花言巧語」當成是「真心誠意」，搞不清楚別人的意圖。其實，「花言巧語」和「真心誠意」是很容易分辨的，只要心平氣和地去觀察，是可以察覺到的。

花言巧語的成分是「表演」，是一場「秀」。他表演給你看，目地是想要贏得你的心，所以他所說的一切都是為了要征服你。但是，那種征服的方式是用騙的，講到讓你心花朵朵開，眉飛色舞、小鹿亂撞。你可以感覺到眼前這個人說話的用意，就是一心一意想讓你為之瘋狂，但他並不是真正地跟你同為一體，他說這些話不是發自內心跟你分享，而是別有用心地把你拉到一個很開心的境界。這對他來說，就像打勝仗得到了勳章，有成敗的意味在裡頭。

他說這些話只是為了要征服你，因為你愛聽，所以就特別講給你聽，然後就可以達到某種效果——騙財、騙色，或讓你以為他很棒、他很愛你，或是讓你態度軟化……可是，他講這些話並不是真心的。他讓你開心，是為了利用你去做某些事情，基本上他對你說這些話是要讓你迷惑，讓你以為他有真情——其實他沒有，否則就不需要花言巧語。

所謂的「真心誠意」是：你可以感覺到眼前這個人說話，他自己是很感動的，他是燃燒自己的生命在跟你對話。他說這些話的目的，並不是為了要把你給怎麼樣，而是他自己有如此深刻的感受，那份真誠是來自於他自己的內心，說的話跟他自己是完全結合的，不是為了刻意取悅別人才說出那些心口不一的話，也不是靠著說話的技巧，把這些內容巧妙地表達出來。

「花言巧語」是沒那種感覺的。就像把情書大全的經典句子搬出來賣弄一番，但在心意上並不會讓人感動。如果你很在意文辭上的表面功夫，很渴望有人對你說這些好聽的話，他講多了，你可能以為他是真心的，就會被打動了，這不是一個巴掌就能拍響的事。

「真心誠意」的重點是：老老實實地說。或許他的文筆也很出色，也會用一些華麗的詞藻，這時候就會有點難以辨別究竟是「花言巧語」還是「真心誠意」，不過，你還是可以聽得出來，他告訴你的是內心真正的感受呢？還是刻意展現才華給別人聽的？這兩者的出發點是不一樣的。

如果他只是針對你個人說的，內容就會帶有個人色彩，完全為你「量身訂做」。但是，當一個人說話很有感情的時候，通常很難分辨出他說這些話是不是針對你個人。比方說，他唱了一首情歌，雖然唱歌目的不是為了你，他只是為了唱出自己的心聲，或是想讓全世界知道他有如此水準的創作能力，但他所注入的感情確實讓聽到的人都很感動。這般的才華洋溢，到底是「花言巧語」還是「真心誠意」？這個時候，功力不夠的人就分不出來了。

有很多時候，你所接收到的感動是藝術的創造，或是一種撩撥心弦的巧合。尤其是藝術家的創作表演，常常會讓你分不清楚這種感動到底是真是假？因為他確實灌注了這麼多的感情——對你唱一首情歌，可能你就愛上他了。他唱出來的歌有點像是花言巧語，你也知道他並不是為你而唱，但是從他嘴裡唱出來就是這麼好聽，讓你宛如置身於天堂一般地美好。

有些時候，「花言巧語」真的很好聽，也是一種才華。有些時候，「真心誠意」可能不是你想像的那麼舒服，或是那麼地討好。為什麼花言巧語會這麼讓人迷惑？因為這些話真的很好聽，即使他說的並不是事實，你仍會受到迷惑——你很希望他說的是真的，所以便假裝這些話是真的。

有些人所表達出來的「真心誠意」可能看起來又直又蠢，讓人難以接受，也沒有辦法真的去感受到，因為他表達的內容很粗糙，聽起來沒有那麼悅耳動聽。也有很多時候，真心誠意的告白就是肉麻到了極點，讓人家雞皮疙瘩掉滿地，要說出口還挺不自在的。所以，你一定要學會去分辨當中的差別。

這個人說話是真心為了你好？

他對你說這些話，只是在找表演的舞台？

他是在玩弄情感，欺騙別人？

他知道你喜歡聽什麼，把假的說成真的，目的是只要讓你開心就好？

如果你的心很乾淨、很平靜，對方是否真誠，其實你是可以感受到的，可以和對方共鳴；

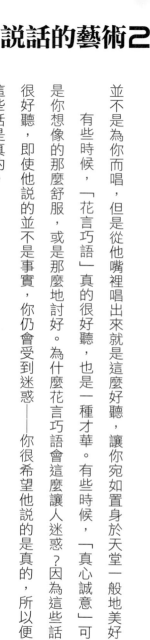

不過這也要看你自身的功力到何種程度。你可以欣賞，但不一定得瘋狂地深陷其中而無法自拔；你可以喜歡，但還是可以保有自己的原則。但是，若你被沖昏了頭，心中一直希望有個很真實的感覺——或許希望自己能被愛之類的，就會對號入座了；就算全世界都知道他講的是花言巧語，你仍堅持他是真心誠意，寧可沉浸在謊言裡頭。當然，如果這樣你會比較開心，也好！只是後果就得自己負責了。

你要分辨一個人說的話是「花言巧語」或是「真心誠意」，重點不是說話的人，而是你自己有沒有這麼乾淨的心境。這就像要去測量長度，你手上拿的尺很重要，刻度必須是正確的。如果尺是歪的，刻度也不對，不管量幾次都不會得到正確答案。

如果你的心很平靜，可以體諒對方表達的粗糙，感受對方 心的真誠，察覺隱藏在言語後面的意圖，才有辦法去分辨真假。如果你的思緒很雜亂，你希望他說的是真的，結果假的就被當成是真的了，那些花言巧語就被當成是真心誠意了；當對方擁有真心誠意時，你也感受不到，你可能會想：「我哪有你想像的那麼好？」

「說得這麼難聽，怎麼可能是真心的？」

「我就不喜歡他啦！就算他是真心誠意也沒用。」

你已經抱著否定態度了，也不會在意去分辨是真是假。

這些能力，要看一個人對於判斷事情的客觀度與成熟度的水準到了哪個層次——先有一張乾淨的紙，才能夠印出那麼美的畫。如果紙是髒的，上面有一些亂七八糟的污垢，就算再漂亮的畫印到這張紙上，都看不到原本的內涵與意像。所以，分辨者的心境非常重要。如果你的心思很乾淨，你的水準夠高；我想，應該是能夠觀察出來的。

對方表情不大對勁也不說話，要如何確認自己的觀察對不對？

感覺對方不太對勁，也不說話表態，你就可以察覺出來有什麼地方出錯了，或是有什麼地方卡住了。要確認自己的觀察對不對，只要問他就可以了。

要是對方都不講話，表示他已經不開心了，這是無庸置疑的。對方不講話的觀察一定是對的；但重點在於確認之後還是要想出解決方法——如果真的知道是什麼問題，要解決就沒那麼難。

解決方法有兩個：第一個，不理他。沒辦法，他就不講話嘛，你還能怎樣呢？另外一個，想辦法讓他講話。你說的話要對到焦，要用正確的方式引導。有時候不能勉強，只好改天再說，要是當下你一直打破砂鍋問到底，但問話的功力不夠好，只會搞得對方更生氣、更不對勁。

在這種尷尬的時刻，也不必感到難過。人在某些時候就是會有這樣的情緒問題，所以不需要覺得自己的溝通能力很糟糕，或擔心這段關係保不住了。過一段時間，等到對方的情緒好轉了，一切還是會有轉機。

如果感覺到對方不對勁、不說話，你的觀察八九不離十是正確的，照常理來說，應該沒有那種明明很高興，沒什麼壞事發生，卻又故意不跟你講話的。但是，你不要因為對方目前呈現不對勁的狀態，就不再跟他講話了——這又是另外一回事，也不在這個問題的討論範圍裡。

我只是要提醒你：**看到對方出現這種不對勁的狀況時，仍要嘗試著去講話。**在當下那個時間點，如果能夠找到解套方式的話，還是得去盡量做；但如果他不說話的情況已經到了「病入膏肓」的程度，那也不必過於強求，你能做的只有等待。

有時候，夫妻之間也會發生同樣的問題——今天某一方不高興或是太累了，就不說話了，此時就不要強迫對方一定要跟你講話。你可以好好地跟他講些話，至於他願不願意聽、有沒有回答也不必太在意，你就給對方一個空間，不需要強人所難、苦苦相逼，甚至把他不說話的態度認定為存心找碴。等到過了這段不想說話的時刻，直到整個人舒服、冷靜一點，再講就行了。這個緩衝時間大概三到七天左右，有些狀況會需要更久一點。

既然你已經觀察到對方不對勁，又找不出解決的辦法，就不需要在這個節骨眼上要求對方一定要說些什麼，也不必一定要去澄清些什麼事。至於你的觀察對不對？一定沒錯，他就是不講話嘛。如果他後來又講話了，那就是你的觀察錯了，不過這也僅僅表示他沒什麼不對勁，或事情沒那麼嚴重。

若真想確定此事，直接問對方就好；有些時候不必過於在意，可能連當事人都不清楚發生了什麼事，太過執著於找出答案，反而不見得是好事。千萬不要把關係搞僵，若撕破了臉，就得花很多功夫去挽救了。

第8章

心防建構與瓦解

要如何卸下對方的心防？

這個問題可以朝兩個方向來說明。

第一個，你說話的對象，為什麼會有心防？如果是個人的問題，他不管跟誰說話都有很強烈的防禦性，心裡有很多的恐懼、戒備，你想要馬上卸下對方的心防，幾乎是不可能的。

一般來說，當一個人處於防禦性的狀態，你很難憑藉個人的力量去瓦解對方的心防。這並不是你的說話能力出了問題，而是對方個人的問題。當然，這種情況也並非完全無解，藉由專業諮詢、個人的成長改變之後，他的心防就有機會卸下來。

另外一種狀況，是他只對你有心防，這又不一樣了。他對別人說話不會這麼小心謹慎，偏偏就是特別會防著你，因為你讓他覺得不安，或是對你印象很不好，或是覺得你會對他不利之類的，非得小心應付不可。

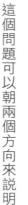

如果他的心防只是針對你個人，又可以分成兩個部份來說明。

第一個，如果你真的是不懷好意或另有所圖，不管是想欺騙對方的錢財或感情，明明意圖不良又想要讓他卸下心防，就算你暫時取得對方的信任，但最後終究是紙包不住火，一定會被看穿；而且對方一朝被蛇咬，十年怕草繩，永遠都不會輕易信任別人。所以，如果是你自己心術不正，卻又希望對方不要防衛，根本就沒有道理。他會覺得需要提防，表示他的觀察並沒有錯。

不過，如果他對你的心防是出自於誤會，那又另當別論了。比方說，你的外表看起來像個流氓，其實你是個面惡心善的人；對方覺得你很恐怖，被你的外型給誤導了。如果是這種個人喜惡或是觀察判斷有問題，可以藉由溝通把心防卸下。

你可以問他，究竟是怎麼回事？害怕的是什麼？為什麼要防著你？你是不是真的如他所想像的那樣？

假設對方有這樣的觀念：「留鬍鬚的都是壞人。」你不一定非得把鬍鬚剃掉證明自己是個好人；可能你講話的聲音很恐怖，別人光是聽到你的聲音就打寒顫了，或是表情很嚴肅，讓人覺得你很難相處等等。在這些情況下，你就得多找機會跟對方聊天，解釋你的作風、背景、個人的習慣以及為什麼會呈現出這樣的狀態，互相了解彼此的性格與思想，讓他對你的聲音、表情、動作能夠接受。相處久了之後，對方一定會發現你的心地其實很善良，也不是他想像中的壞人，心防總有一天是可以卸下的。

要出來行走江湖，防人之心終究不可無，一般人對於不熟悉的陌生人會有戒心，是在所難免的。尤其那些曾經因為沒有防人之心而吃過虧的人，總會覺得天底下沒有多少好人，心裡隨時都提防著被別人陷害，你要他完全放下戒心，恐怕比登天還難。

也有些人天性多疑，就算親密如夫妻，對另一半仍是放不下心，整天懷疑孩子不是自己的？懷疑另一半是否有外遇？許多父母也是不放心自己的孩子，或是把自己的媳婦當成外人……不同的情況有不同對症下藥的方式，但最直接的解決途徑，就是找出他心中恐懼、害怕的理由。

如果那些理由是可以解決的，當他不再害怕，可以理性思考的時候，心防就會卸下。但是，如果你沒辦法解決他心裡的擔心、恐懼——比方說，他總是擔心你會偷他的錢，或總是覺得你對他另有所圖，他跟你在一起時一定會處處防著你。所以，你必須贏得對方的信任，或是讓他解除心中的恐懼。這些問題只要沒解決，當然沒辦法卸下心防。

如何讓閒聊得到拉近彼此關係的最佳效果？

在閒聊過程當中，只要沒什麼磨擦，沒有得罪對方或是給他不好的感覺，雖然沒有特別聊些什麼，但光是溝通本身就有非常偉大的魅力，或多或少都會增進彼此之間的關係。

你可以靠著說話，跟另一個人增進許多情感，累積很多的真實性。只要跟一個人常講話，你跟他的情感一定會比較親近，也會比較熟悉，很容易就會覺得喜歡他。有句俗話說：「近水樓台先得月」，就是在一起接觸的時間多，有多一點的說話機會，拉近關係的效果就會相當驚人。

我們都喜歡跟談得來、趣味相投的人說話，就算跟陌生人交談時也是一樣。你跟對方閒聊幾句，就會對這個人有印象。雖然閒談沒什麼特定的標準，但你還是可以把要說的話表達得很圓融，重視溝通的每一個細節，如此一來，閒談的效果就會非常好。不要因為只是閒聊就過於隨便，說起話來心不在焉、文不對題，溝通品質當然就很糟糕。

只要是講話，話裡的內容、聲音、呈現的感覺，跟你用多少心思、放進多少情感、意圖有多純真是完全相關的，對方一定能夠感受到。就算只是閒聊，只要你能夠津津樂道，聽的人也很開心，雙方的關係當然會變好。相反地，如果閒聊時愛理不理，或是都講一些沒營養的話，再加上聲音難聽，用的詞句讓人覺得不優雅，效果當然就會很糟糕。

請切記一個重點：**只要是講話，講什麼都不重要，心意、風格才重要。**不一定要引經據典或是加入華麗的詞藻，但是說話的心意與情感要讓對方感受到，這些是凌駕於內容與技巧之上的關鍵條件。

說出來的話要合乎邏輯，不能讓人覺得你沒啥誠意，說這些話只是在搪塞敷衍；你要投入情感，要讓人心生感動，同時也可以營造幽默的氛圍。你可以講去市場買菜或是上班通勤看到的事，或是講一些有趣的陳年往事，就算講些八卦新聞，一樣可以感染到對方。這種效果，來自於你投入了多少情感，也要看你平常的格調、胸襟、修養，在閒聊時便能表露無遺，淋漓盡致的發揮。

一個出色的攝影師，就算隨便拍幾張家居照，都可以是佳作，說話也是一樣的道理。說話有足夠功力的人，就算是閒聊也很感人，讓別人有「聽君一席話，勝讀十年書」的深刻印象。這就是一種藝術。

如何與對方達到「交淺言深」的境界？

你跟某個人並沒有深交，可能只是普通朋友，甚至只有一面之緣，怎樣可以談得非常融洽，把話講到內心深處？這是表達上的一種能力。

如果說話的功力夠深，就算跟眼前這個人沒什麼交情，也有辦法談得很深入。以我個人的經驗來說，我常跟陌生人談得非常開心、非常感動；除了彼此說話的態度真誠之外，還有一個非常重要的關鍵：**個人的生活體驗、思想哲學非常豐富，說出來的真心話才能深深地打動對方。**

或許，你跟某個朋友的關係比較密切，你覺得跟他說話比較投機。可是，能不能跟一個人談得很深入，跟交情深淺是沒有多大影響的。說話能夠感動別人是一種能力，只要對方願意跟你說話，你也願意表達，而且有很多的內容可以分享，不管對方是不是陌生人都可以一見如故。

你可以講自己的人生哲學或是過去的體驗與經歷，真誠地分享一些心得與收穫。只要講得好，就比較容易跟對方「交淺言深」。雖然話可以講得很深入，但仍要盡量避免提及過於隱私（如薪水、親密關係）以及讓人難以回應的話題（如性癖好、政治衝突的觀念），這些都不是閒聊應該涉及的範圍，接觸這些敏感議題時要格外謹慎。

此外，你也必須避免講到關於自己不好的事情，或是在道德上讓人覺得難以接受、不正派、不大器或是無法發人省思的內容。如果講到比較深入的話題，對方一旦察覺你的心術不正，或者彼此不是同道中人，甚至讓人感到膚淺粗俗等等，只要感覺上有那麼一點點的不對勁，談話就很難繼續深入，彼此關係也就難以拉近了。

跟不熟的人講話時，最基本的說話態度，就是很簡單地把事實描述出來。只要你說話很真誠，態度很正直，就會讓人覺得你值得信任，也願意多講一些更深入的事情。相反地，要是某位成功人士在談話過程中不斷地吹捧自己有多麼偉大，這種話一定沒有辦法讓人感覺很舒服，人們會覺得這傢伙只是想炫耀，只是希望別人給他一個舞台，這種不良觀感會讓話語無法進入內心深處，沒辦法讓人感動。

感動，是兩個人可以一起分享、一起共鳴的，或是情感上很真誠的地方，像是你怎樣愛小孩、怎麼對待朋友，或是怎樣去完成一件很有意義的事……這些都是可以「言深」的內容。

我常會遇到一些大老闆，他把經商三、四十年的重要經驗跟我分享，那些都是他人生淬鍊的精華，卻毫無私心地傾囊相授，這種談話就會「言深」，讓人感覺非常地感動。

不過，講話要能「深」，不是這麼容易就可以達到的水準。如果你沒有太多的人生歷練，也沒有用心去體會生活中的感動，其實是沒什麼內容好去跟別人「言深」的。但更重要的是：不要過於擔心「交淺」這件事情。只要兩廂情願，你願意講、他願意聽，他願意講、你願意聽，這樣子就可以了，不會有什麼年齡、國界、文化的限制，這是說話藝術中極為讓人沈醉的一種境界。

在哪些情況下必須避免被人看透虛實，提防「交淺言深」的狀況發生？

這是一個問題的延伸。所謂的「禍從口出」，就是說了一些不應該透露的事情。只要談個人思想、心得、收穫、人生歷練，就算交淺言深也無所謂。但這個問題講到「提防」、避免「看透虛實」這件事牽涉到別人的觀感，包括你講的不是事實，或是你有很多不該透露的秘密，你跟對方的交情不深，也不知道對方會不會出賣你，隨便亂說話當然就會出問題。

前面提過，「交淺言深」有一些必須注意的情況，就是**不要去講到個人隱私與公司機密。**比方說，你跟一個新來的同事八卦閒聊，扯到你的主管跟祕書有一腿。剛好這位新同事認識你主管的老婆，當消息走漏之後，你當然就會出事了。

再舉一個例子。老闆請你當財務管理時，一定告訴過你不能把帳目流通到公司外部，這是你跟老闆的協議，或是要幫客戶保密的職業道德，不該跟別人亂講。偏偏你不把它當一回事，跟無關的人說出這些事，當然就會出問題。

避免讓人「看透虛實」還有另外一個情況：你有一些不為人知的祕密，甚至牽涉到法律的問題。既然講到「虛實」，就有欺騙他人的意味，說話當中會有虛假的資料。

有些人在講話時，會得意忘形地跟別人說：「我跟你說，當時啊，我是怎樣逃稅的……」

「你知道嗎？我的公司是怎樣利用走後門的方式，才賺到大錢的。」

這樣當然就不好了。這些是你不希望讓別人發現或是有漏洞的地方，更糟糕的是這些事情是違法的，你把它告訴別人無異是自曝其短，自尋死路。

如果你是賣吃的，一定不會隨便告訴別人自己賴以維生的祖傳秘方；你也不會去跟人家說放了色素、防腐劑之類的，這些會傷到自己的內容，當然要提防。

你會把重要的資料、秘密交給某個人，是因為你信任他，你認定對方不會出賣你。這些事情都跟人品、私生活有關係，要是沒有做什麼不品格的事情，就不會有這些擔憂。如果你做了很多不道德、不品格的事情，想找人談論這些骯髒事，還得要看看自己說話的對象是誰，說出秘密之後還得整天提心吊膽，這樣就很糟糕了。

假設你在製造毒品，還異想天開地想跟別人分享毒品要怎麼製作、怎麼去分辨當中摻了多少太白粉、成分有多純之類的心得；這些原本就是不該曝光的秘密，說出去就等於是自掘墳墓。

你跟很久沒見面的同學說你是怎麼去行騙江湖的，有什麼樣的新花招等等，好死不死被他發現身邊有人被你騙過，那你就準備去坐牢吧——因為你講的這些話，本來就是有問題的。

如果你原本就是一個不值得被信任的人，當然不管講什麼都會禍從口出，那些秘密講出來會有危險，是因為你根本就不應該去做這些事情。所以，這個問題必須從個人品性與修養的角度去探討。

我們提過，說話是一種溝通的方式，目的是為了讓彼此之間能夠互相了解。尤其我們討論的是說話的藝術，分享的應該是動人的內容——好比你讓別人看一幅畫，對方欣賞後應該會很感動才對，而不是想要到法院控告你。會有什麼樣的結果發生，完全看你這個人正不正派。

什麼話可以在枱面上說？什麼話應該私底下關起門來說？

不管是跟誰在講話，一般人都會分成兩邊（以上），這裡簡單假設分成A、B兩個陣營。如果你屬於A陣營，對方屬於B陣營，A、B兩方的人馬在講話時，如果兩邊一起講，是屬於雙方或多方的公共場合，就是枱面上的說話。

那麼，關起門來私底下講，那就是屬於A方陣營自己的聚會，也就是跟你同一邊的自己人或是立場相同的人馬，咱們關起門來自己討論。

那麼，枱面上跟枱下就分出來了。枱面上是公開場合，所以說的話主要是表明立場——我們是站在哪一邊、支持哪一個方向，這些話應該是很明確的，也是很主觀的。

除此之外，**枱面上還要表明「態度」**。譬如說，你要讓對方知道我們的態度是友善的，我們的訴求是什麼，究竟是來道歉的，還是要來踢館的，這都是枱面上要說的話。

一般來說，在枱面上所講的話盡量都是正面、友善、宏觀的方向。這並不表示一定要刻意去迎和別人，但是講出來的內容要讓對方感覺到誠意，是屬於比較公關、比較大方的。

至於私底下要講的，是自己人關起門來說的內容，也是不能透露出去的重要訊息，比如作戰計畫、比賽策略等等。此外，還有一些自己人應該要注意的細節，舉例來說，你可以私下提醒同伴，明天的聚會很重要，出席時務必盛裝赴宴。像這些話，都不必在枱面上說。

其次，是你們共同擔心的地方，像是對方有可能會設下的陷阱、執行計畫的困難等等。在公開場合說敵人很可惡、專案很難執行之類的話是不適當的，因為這些狀況大部分都只是假設或模擬，你手上沒有證據，實際上也還沒發生，所以這些內容都只能在私底下講。

再者，是關於自己的問題。比如我們現在有什麼地方比較弱、缺乏什麼資源，或是你覺得有什麼地方不對、情緒很糟糕，或是我方有內奸等等。這些都是屬於比較負面的話題，不必搬到枱面上自曝其短，私底下關起門來討論就好了。

私下講的用意，就是不必讓無關的人聽到；那些可以讓別人聽到的，就是枱面上要說的話。我們有提過「口無遮攔」的情況，就是把這些私底下才能說的話毫無顧忌地講出來。什麼時候該講出來、什麼時候不能夠講出來，這個是溝通的關鍵核心。

什麼事情，最好對熟人也不要說？

這就是不應該說的事情。至於什麼是不應該說的事情？就是那些不道德的，聽起來不舒服的，跟溝通目的沒關係的話。比方說，這些話講出來是為了糗人，為了虐待人，是存心讓人難受的，故意要讓人覺得被評估貶低的，讓對方很尷尬甚至會做惡夢的……基本上，所有會讓對方不舒服且無法理解的事情，全都不應該說。

說話是為了傳達訊息，讓彼此之間有更深入的了解，而不是邪惡的負面內容，包括沒有意義的責罵、引發對方情緒的話都是不應該說的。

一般人往往會有一個很不正確的觀念：因為跟某人很熟，所以才會找對方抱怨、吐苦水。碰到熟人就講了很多的八卦，講了很多自己有多痛苦、多倒楣的事。你不應該因為跟對方很熟，他就活該要當你的垃圾桶，甚至還沒規矩地對他亂發脾氣，這是大錯特錯的觀念。

愈是親近的熟人，愈應該要保持禮貌，客氣地對待對方，不該讓自己的情緒過於放肆，這樣才能夠長長久久。要是你常對身邊的熟人講一些譏笑諷刺的話，罵人家是白癡、豬頭之類的，這對你沒有什麼好處——不僅不熟的人不應該說，親近的熟人更是不應該說！大家在一起相處的品質才會舒適，生活才會更有美感，說話才會有藝術價值。

請切記，任何讓人不能舒適面對的話，只要沒有辦法讓對方了解，這些話通通都不需要講出來。

鞏固友誼的話該怎麼說？

如果你是真心地在交朋友，希望彼此的友誼真誠，可以永恆的保持下去，那麼除了在前面提到的「越是熟人，越不該講任何壞話或不舒服的話」之外，你對朋友說話必須誠實、守信用，不要隨便得罪他，不要恥笑他、背叛他、出賣他、背後捅他一刀——這些當然都不該做。

至於話該怎麼說呢？只要正常說就行了。該說的就要說，該讓他知道的事情、他所在意的、重視的事都要顧及到。如果你不理他，讓他覺得不受到尊重，不被信任，友誼當然就不可能鞏固。

在此之前，你得先瞭解，自己跟對方需要怎樣的友誼？彼此之間該有的底限、距離都要拿捏得非常好。這就像在開車之前，得先知道怎樣駕駛才安全，不能超速飆車，也要跟前面的車保持安全距離，車子兩側的距離要抓準，也要遵守交通規則——紅燈你要停，綠燈就可以走，警察攔你的時候不能不停車，這就是每個人都必需遵守的規則，不管是公車、計程車或是總統在開車都一樣。

把這規則延伸到人與人的交情，就是彼此的尊重與空間。你不該打擾別人時就不要去按人家門鈴，不要自以為跟對方很熟，借了東西就可以不還，說話要算數，做人要守信用，了解彼此之間的需求，這就是交朋友的規矩。

好朋友除了要保持良好的聯繫之外，也要給予足夠的空間。在平常的談話，你得去了解對方的生活狀況、狀態、習慣，知道他現在適不適合被打擾，現在需不需要有人陪在身邊，他比較喜歡討論哪一個話題、最近正在研究些什麼等等。或許他現在有些事不方便講，就不要一直逼他；很多事情他想講出來，你也不要充耳不聞。

話要怎麼講，沒有一定的標準，但有幾個一定要遵守的原則。最重要的，就是不要講負面、情緒性的話，講了只會讓人討厭。同時，你自己也得不斷地進步成長，否則在別人眼裡，就會覺得你都是這副老樣子，跟你講話也沒什麼意思，要是讓人覺得跟你在一起是個累贅，常會帶來許多麻煩與不舒服，時間久了，開始慢慢覺得你這個人沒那麼牢靠。你們之間可能沒有什麼利害關係，但他不覺得需要常跟你聯繫，彼此之間沒有什麼可以相互吸引的地方。如果要跟你做生意，感覺也很奇怪，因為你不可信任，人家想跟你做生意，心裡也會感到擔心害怕。

若大家有真的感情，就算不常見面，也可以保持彼此間的情誼。朋友之間趣味相投的吸引力是一定要有的，否則人家根本懶得見你——偶爾碰一次面還可以，至於想要特別約出來吃個飯，可就沒這個興趣了，甚至連參加同學會見個面，都認為不太需要。這樣的友誼沒有信任，也不會想要更進一步互相瞭解，價值就變得相當地薄弱，最多只能說咱們是「點頭之交」而已。

如果要做到「有情有義」，就得考慮平時說話的分寸。話不但要講到對方心坎裡，而且一定還得要有內容，要有一些吸引人或有趣的地方，人家才會願意花時間跟你交往。你可以

將心比心，大家平常都忙——就算不忙好了，大部分的人也寧願待在家裡舒舒服服的做自己的事，或是一個人逛街都好，為什麼要花時間跟你在一起呢？你平常就該研究一下，話到底該怎麼說才會吸引人。

朋友在一起，除了講一些寒暄、客套話之外，還可以聊一些彼此的過去、有趣的、談起來很投機的話題。但**如果一個人沒有在進步成長，沒有擴充自己的眼界跟格局，就會愈來愈沒什麼內容好去跟別人分享**，就算好朋友跟你聊天，最後也會話不投機半句多，因為你講的東西讓人覺得太無聊了。

舉個常見的例子。有些朋友每次見到面，總是在講自己的媳婦怎樣不好，或是說自己有多麼地倒楣，常被那些居心不良的人給騙了；或是說以前做生意的經驗有多糟、老闆多麼刻薄、老公又去搞外遇等等。這種朋友一天到晚都在講這些垃圾話題，這樣的友誼實在很難有多好。

生活本來就充滿了問題，這是每個人都無法避免的。但是，如果你的生活就只有這些，朋友最多也只能給你同情票——這是基於人之常情、基於客套與禮貌而跟你維持著一個關係，但老實說，這種說話是沒辦法鞏固友誼的。

現在你應該可以知道，為什麼有些孩子不愛回家？因為他的父母整天都在說教，或講一些垃圾話嘛！先生為什麼不愛回家？因為老婆只會講這些雞毛蒜皮的事，講怎樣跟鄰居吵架，或是工作上有什麼討厭的事——講這些東西，就會讓另一半漸漸遠離你。你一直在那兒嘮叨，你的孩子最後就不回家了。你一直在那兒抱怨，最後就眾叛親離了。

想要鞏固友誼，就講一些有建設性、開心快樂、有希望、有未來的、有激勵性質的話，最起碼也要讓人覺得是輕鬆有趣的。你該說一些值得對方信任的話，讓人覺得這些話有道理，而不是亂七八糟的內容，不會亂丟一堆情緒垃圾，這樣人們才會覺得你這個人比較乾淨，跟你在一起覺得舒服自在。

跟別人在一起相處，要展現出快樂的情緒，要顯得神采飛揚、幽默風趣、活潑可愛——誰都喜歡跟這樣的人做朋友。所以，你要想辦法讓自己成為一個值得交往的朋友。

第9章

攻守合一

該怎樣讓話語更有說服力？

這並不是說什麼話才會有說服力的問題，如果只是滿腦子想著用什麼文字、舉什麼例子，就沒有意義了，大家都在內容上瞎掰，有點像是天下文章一大抄，抄襲那些文詞讓人以為你說的話真的那麼令人感動——如果只是這樣，想要說服一個人嫁給你，只要拿一本情書大全來抄就行了，不是嗎？

要感動一個人，光靠話語是沒用的，一定要加上強烈的意圖。如果想表達地這麼強烈，不管是要說服、要感動、要讓對方覺得甜蜜、感受到忠誠等等目的，都必須先有觸動對方的誠意。如果失去了這份意圖，就好比拿到一瓶假酒，就算連專家都分不清真偽，但假的就是假的，人家被你騙過一時，這個騙局遲早也會被揭穿。

若要有說服力，就不能去矇騙對方。你必須說真話，而且真的要有那樣的心、那樣的情，才會有真正的具有說服力。如果只是靠一些語調、文詞、話術去讓對方覺得很有說服力，意思就像教你怎麼去行騙，騙到讓對方完全察覺不出破綻，這就是邪門歪道了，也不是我們說話的目的。

我們要講的是溝通，是實實在在的藝術，牽涉到人最深層的情感。**話有說服力，是因為這些話是真的，對方相信你是為他著想的。**從這樣的出發點去說話，話語用對了，說服力就會產生。

所以，千萬不要走偏了，不要一天到晚想著騙人，騙人要幹嘛？人生不是以行騙為目的，也不是想著怎樣才能把對方唬得一愣一愣的，當人家發現這些話是假的，就算說得再漂亮，最後一點價值都沒有。

真正有說服力的人，說話絕不是胡說八道，因為他是用心、用腦、用情去達成說服力的。藝術之所以值錢，是因為它具備真、善、美的素質，這些內容全部都是內在真正的功力。

如何探人隱私而不造成反感？

要探人隱私又要讓人不起反感，我想，這個問題要問的是屬於「技巧」的部分。如果你的表現讓對方非常討厭，或是你一直想要挖出什麼內容，一直要刺探別人不想說的事情，讓人感覺你像個小偷或狗仔隊，想不造成別人反感是根本不可能的事。

假設你只是想了解一些事情，應該直接告訴對方：「我想知道這件事情，你在不在意跟我討論？你介不介意講出來呢？」直接問就行了。如果對方不想講，你又要強迫人家講，或是你不明著講，卻又一直問東問西，讓人感覺賊頭賊腦、鬼鬼祟祟地，當然也會造成反感。**告訴對方你想要了解的意圖，是最直接的方法。**除此之外，你也可以很自然地跟對方聊天，無意中談起某件事，你就見縫插針地問：「我想瞭解在那時候，你媽媽是怎麼回事？」「我記得你好像跟他有關係，最後你們分開了，這是你的決定嗎？」

你若真的那麼想知道，就直接問他，他想告訴你時自然就會講。但是，如果你給人家的感覺並不是真的想要了解他，你只是想要刺探別人的隱私，或純粹只是為了要傷害他、揭人的瘡疤，對方當然會對你有防備心。只要你是個值得別人信任的朋友，給對方的感覺也很對味，兩個人聊得來，而且讓人覺得你這個人不會像廣播電台一樣到處散播別人的隱私；其實，一般人也不會那麼介意要告訴你，有時候甚至還會主動跟你講出他的心事。這也是個人修養與水準的問題。

刺探隱私之所以會讓人產生這種反感，是因為社會上有許多人都在玩這種遊戲——有人要偷，就有人會提防；有人要搶，就有人會注意。但是，只要你這個人給對方的感覺是可以

完全信任的，其實不需要刻意刺探，甚至也不必多問，人家自然會主動告訴你一些秘密。這就是人跟人之間互動的關係，在於你給別人的感覺如何？這是非常重要的關鍵。

話題被岔開時要怎麼處理？

在講話的時候，被岔開話題是常見的情況，因為對方的思緒、注意力不一定在目前所講的內容上，或是他所講的跟你所認知的，並不是在同一條線上。

當話題被岔開時，你所要做的事很簡單：聽他講，不需要阻止他或是叫他閉嘴。你還是要繼續跟他說話，當他講完之後，就示意他所講的內容，然後把話題帶回剛剛要講的部分就可以了。

被岔開話題的時候，你自己要夠敏感，知道現在已經偏離主題了。對方想一直再講的時候，不要讓他一直牽著鼻子走，講個兩小時都回不來。讓他講到一個關鍵點上，他講一兩句，你跟他回應一下，然後說：「我們剛剛講的部分還沒講完。」再把話題引導回來。

有些時候，你也可以直接提醒對方說：「現在講的那個話題，有點岔開了。」或是告訴他：「關於剛剛說的部份，我有話想要繼續講。」這就像開車在高速公路上，可能口渴需要買個水，於是到休息站繞一圈順便上個廁所，雖然是岔開了，但最後回到高速公路上就行了。就算上高速公路時走錯匝道，方向搞錯了也沒關係，只要找個交流道下去，切換回正確的方向就行了。所以，當話題被岔開的時候也不必擔心，還是可以聊聊別的內容，最重要的是記得要繞回來。

但是，當你知道話題被岔開了，一定要把它帶回來，而且要懂得把偏離的話題給結束掉。你不要只講了三分鐘的正經事，卻被岔開了一小時，這樣就太離譜了。除非原來的話題不太重要，你決定放棄掉，那就無所謂了。

在此要提醒你，如果你在生活中很容易發生話題被岔開的情形，可能說話太慢或太無聊，對方把話題拆開也是給你台階下。遇到這種狀況，就要加強自己說話的基本功，你必須要有自知之明。

要怎樣把說話權留給對方才適當？

這並沒有硬性的規定要怎樣或不能怎樣——你要能夠觀察，知道對方有沒有話要說，或是他的話有沒有說完；在一個適合停頓的時間點，你就問對方要不要講話，把這個權利留給他。

一般人若有話要說，通常都會自動爭取，不需要刻意讓他說話。可是，如果遇到個性比較安靜內斂的人，他不會隨便講出心裡的話，就算有話想說也不敢主動爭取。此時你就得經常問他，給他一個「現在輪到你講」的感覺，讓他覺得現在是該他講話的時候，而且你得很認真地等他，要聽他講完——這樣的態度頗為關鍵。

在某些時候，你也會遇到某些不開口的人，想聽他說句話，就算三催四請還不見得有用，所以也沒什麼適不適當，你得看他願不願意講。

所謂的「適當」，是指當對方應該講話、發言的時候，他卻不講，你得要鼓勵他，讓他有發言的機會與空間。有些時候，某個人滔滔不絕地講了很久，另一個人卻自始至終都沒有吭聲，這種狀況就很不平衡，可以試著問些問題讓沒說話的人發言。

在對談的時候，你也可以故意停下來不講話，或許對方就會自動接話了——當然，這也要看對方是什麼個性的人。如果對方比較靜，你就得經常邀請他講話；如果他不愛發言，你就多鼓勵他表達意見。尤其當一群人在開會的時候，有很多人就是習慣在「等」，你不請他開口，他是不可能會主動說話的；最好的方法就是你經常問他，看看他有沒有什麼東西要講，但詢問的語氣是鼓勵性的，而且要針對對方的個性調整說話的方式。

例如說，對方的個性非常內向，你就得要耐住性子等待，能夠彎下腰去拜託，要懂得觀察對方的臉色。此外，你還要多鼓勵對方，不要你問了他一次，他沒講話，你就馬上接著繼續講自己要說的，這樣對方就永遠不會講了。你得明白一件事：對方可能是沒辦法在幾秒鐘內馬上回話的人，有些人甚至等他個十分鐘，都還沒準備好要發言。

所以，在他還沒辦法回話的這段時間，雖然你一而再地引導他說話，他還是不講，你仍要繼續問他有沒有話要說。如果對方打死都不講話，或是想讓他開金口就是得等這麼久，除了等待之外，同時也要評估自己是不是可以等那麼久？有些人是當你講了整整兩個小時之後，在準備離開之前，他才開始要說話，這是個性上的問題。如果你了解對方是這種個性的人，也就沒有要不要把說話權保留給他的問題了。

若是一般人，你叫他講話他就會回應，尤其是想要讓他講話的時候，他就可以説話並擁有主導權。

有些人則是永遠都不主動講話。這個説話權要不要留給他，或是要不要引導他説話，就要看情形。

也有些人是不讓別人説話的。你不主動爭取，他永遠不會把説話的權利留給你。

在團體裡，你察覺有人想要説話，卻一直搶不到説話的機會，就可以找空隙引導他説話：「某某某，你要不要發言？」引導對方説話的目的是為了尊重他，但至於是否該幫他爭取發言權，就得看個性了——如果他本來就不愛講話，留再多説話權給他也是沒用的。

你要懂得控場，要知道這個時間點，對方是不是想要發言，留意他的表情大概就會知道。如果説話有一搭沒一搭的，就表示他沒有什麼興趣；如果真的有話想講，只要你問他，他就會講出來。所以，在平常的情況下，其實只要多問對方一句就可以了。

如何避免說出不適當的回答？

很多時候，的確是沒辦法回應得很恰當，但話都已經講出口了，不可能吞回去，這就要看你平日的練習夠不夠，腦袋運轉得快不快了。

避免說出不適當的回答，最重要的就是清楚什麼該說、什麼不該說。平常對週遭事物要有一定的敏銳度，曉得對方問這件事情究竟是怎麼一回事，所有的前因後果、來龍去脈都要搞清楚，才會知道這個問題到底什麼能說、什麼不能說——這就像開車時，遇到關鍵時刻是要右轉還是左轉？要催油門還是踩煞車？這些全都是經驗。

一般來說，怎樣才叫「不適當」的回答？就是不要講那些會傷害別人、毫無理由的批評、負面情緒的話。負面成分的話都是很危險的，而且會引爆出其他更多的負面情緒，場面有時會難以收拾。

在回答問題時，要盡量講正面的內容，至於那些會節外生枝、談論是非對錯、有可能製造出負面效果的東西都不要講。你不知道別人會把它作何解釋，有心人甚至還會斷章取義，曲解你原本要表達的意思，這是非常危險的。說話還是要正面一點，才是真正地在溝通。

怎樣迴避難以回答的問題？

遇到這種情況，你就直接說：「抱歉，對此我還想不出該如何回應。」就可以了。或是說：「這是難以回答的問題，我現在沒辦法告訴你。」「讓我想想。想到了我再告訴你。」

甚至可以更直接一點：「我不想回答這個問題。」

大部分的時候，直接講就可以了。如果要迴避，也可以轉來轉去像玩捉迷藏一樣，講點別的話題，以聲東擊西的方式岔開不想回答的問題；或是以沒有回答的方式來回答這個問題，然後轉去講別的東西。

這些技巧當然有必要練，但更重要的是你得很清楚到底要迴避些什麼、怎樣迴避是比較好的——如果你的功力夠好，可以講很多廢話把時間都耗光，讓對方摸不著頭緒，甚至忘了自己問了什麼，也沒空再繼續追問；但是如果對方是比較精明的人，他會一直窮追猛打，不管你再怎麼迴避都還是逃不掉。

迴避問答就像捉迷藏躲來躲去，有時候躲得過，有時候躲不過，會躲的人就盡量躲，不會躲的就中招，就像警匪戰一樣，躲不躲得過全都是個人的功夫。想要保持靈活的腦袋，平常就要做很多的練習，就像特勤部隊在特訓一樣，要不斷地練習運用各式各樣的方法去回應，而不是想著：「我有一招，讓你沒辦法再繼續問下去」，只想著不要讓對方講話——這不是一個投機能夠解決的問題。

當然，你可以練很多招數隨機應變，但最重要的是你要能夠講話，用盡渾身解數去拖延時間，讓這個問題被人忽略，或是把話題牽扯到別的地方——這些都是一些說話的技巧，雖然這些「旁門左道」跟講話真正的目的是不太一樣，但畢竟也是說話必須面對的情況之一。

總而言之，你的目的只是為了不要回答那個問題。既然不要回答，可以想出別的問題反問對方，或是把話題扯遠一點，講到讓人忘記原來要問什麼；或是把時間拖久一點，變成沒有空再去討論這件事；你也可以把原來的重點似是而非地掩蓋過去，或是表面上回答了他，實際上並沒有把真正的答案講出來——這些都需要實際練習，才有辦法體會當中的微妙之處。

在日常生活中，有些時候確實可以用不一樣的方式解決這樣的狀況。可是，如果你真的不願意回答，就直接告訴對方，才是最好的方法。不過，換一個角度來思考：為什麼你不願意面對這個問題呢？你在逃避些什麼呢？把這些想清楚，相信會對你的人生更有幫助。

要如何應付「打破砂鍋問到底」的人？

這種情況，表示問話者的思緒跟你不一樣，他並沒有很清楚自己的想法，所以得要一直不斷地問，問到他覺得滿意為止。有時候，對方只是為問而問，也有些時候，他是真的想搞得清清楚楚，你得看看對方是哪一種人。

如果是前者，就是標準的「打破砂鍋問到底，還問砂鍋在哪裡」的類型，就不必太認真回答。即使鉅細靡遺地回答了，他仍會找一些奇怪的問題問你，但他自己也不清楚為什麼要問這些。要是你太過認真，到最後自己都不曉得該怎麼回答了。

所以，你也可以反過來問他：「我把知道的都告訴你了，你這樣死纏爛打地問個沒完，到底是要幹什麼？」只要你敢說出來，便可以為自己省下許多時間，另一方面讓他自己先去思考過後，把最後的結果告訴你。不過，如果他仍搞不清楚狀況，仍不識相地一直要問，你就可以直接告訴對方：「我不會回答你這個問題。」

如果是後者，他對於某些事情不清楚，想要了解得更深入一些，你便問他到底哪裡不清楚，再解釋給他聽；如果你跟他講的正是他想要了解的，那他也就不會再問了。

你得先判斷提問者的情形，再做下一步的處理。最直接的方法，就是直接告訴他你不想回答，或是戳破他只是為問而問，這樣問下去不會有什麼結果，請他不要再浪費彼此的時間，而不是一直去應付、一直去處理，這是非常惱人又沒建設性的事。當你真正面對了對方的狀況，把責任放回到對方的身上，他才會搞清楚自己想問的究竟是什麼，你也才能夠好好回答，大家可相談甚歡，有個圓滿的結局。

當對方的話「模稜兩可」時，該怎麼辦？

有很多時候，對方不願意把話講得太明白，例如婆婆對媳婦説話時，不會挑明自己的態度是什麼，有些時候夫妻、親戚、同事、商場上談生意也會發生類似的情形，到處都可見到「模稜兩可」的説話內容。至於該如何應付，就要看你在跟誰講話，説話的目的又是什麼，你要的結果是什麼。

如果對方平常説話就是這樣的模式，你就要看看自己跟他之間是什麼樣的關係。如果對方是一個很聰明的人，他的身份地位可能比你高，他很清楚自己在講些什麼，當他在傳達一種模稜兩可的訊息，就是：「我不明講，你應該知道我的意思吧。」

你會很清楚地知道，他的話透露出一種暗示——有可能是不願意把真相告訴你，也可能暗示你可以自己選擇，又或者是在提醒你，他不會為此做決定。不管是哪一種的情況，你都得知道他的態度是不願明確表白的。所以，你得放聰明一點，了解這件事情的可行性有多少？他的立場應該是贊成還是不贊成？是不是他不方便回應？該怎麼選擇，是你自己的判斷。

「模稜兩可」還有另外一種情況，是他自己都講不清楚到底要怎樣，這是水準層次比較不夠的人會有的表現。他的表達方式讓你感到困惑，顯得猶豫不決，腳踏雙船搖搖擺擺，不曉得自己在講些什麼。

如果是這種情況的「模稜兩可」，你想知道答案的話，就要去引導對方說出更多資料，慢慢地問、慢慢地講，可以問他到底是比較想往左邊走呢，還是希望朝右邊去？是黑色的成份居多呢，還是白色的比例比較多？你並不清楚這個人的想法，就得靠自己去觀察，用推敲的方式去問話，問到水落石出為止。

還有另外一種「模稜兩可」的情況：說話者的心裡其實是很清楚的，卻故意呈現出模稜兩可的樣子。他不表明立場，或是不把真心話告訴你，也可能是故意讓你搞不懂他要幹什麼。如果遇到這種人，你得先問他是否有意要這樣做？至於怎麼問，學問就很大了，完全要看你的問話技巧。

咱們回歸到最簡單的方式，就是單刀直入地問：「你給我這樣模稜兩可的答案，難道是你不想講？」這當中有很多的可能性，你要判斷當時情況以及彼此的關係能不能夠這樣問話。

不過，就算你問得這麼直接，有些時候答案也不見得會黑白分明。你知道對方的態度是這樣就行了，若是逼人太甚，最後把人家給氣死或是把場面弄僵，又太超過了。

「模稜兩可」本身就是一種回答，而且非常藝術。當對方不便表態或表明立場會有危險時，可能就會選擇這種方式，這是一種說話的技巧。至於聽話者這邊，就是自己得看著辦，至於要怎樣解套、怎樣去搞清楚狀況，就是各人的功力了。

有些人在問話之中常有一些陷阱，要如何避免上當中計？

這個問題就是你跟問話者在腦力上的角力——你是否能看出對方挖個陷阱，看你要不要跳下去？你得要很精明地眼觀四面、耳聽八方，還要很快地判斷出這句話是一個陷阱，是在套你的話，要不然被抓到了破綻，就會被人牽著鼻子走。

這種說話模式就像在演間諜戰。對方對你提出一些問題，你又不能不回答，那麼，該怎樣似答非答，能夠把話講得很漂亮，把話鋒給轉出去？人家套你話，你能夠發現危險而閃避，就像騎摩托車的時候，路上有很多的坑洞、障礙得刻意避開，不然就會摔車。如果是在說話的情況，有時候是看不到那些陷阱的，有些話乍聽之下不太像是陷阱，這樣就更糟糕了，代表對方的說話技巧還蠻高明。

當你不清楚對方的意圖，聽不懂問這些問題的目的，那麼到底是該回答呢，還是不回答？其實很容易，咱們一樣以最簡單的方式，直接問對方：「你問這個問題的目地要幹什麼？」

「你到底想要知道些什麼？」

或者，你也可以委婉地說：「嗯！你講這個東西還蠻有意思的，是什麼理由讓你想到要問這些東西的？」

你可以用比較有禮貌的說話方式，去了解他問話的動機跟意圖，了解對方到底想要幹甚麼。如果能了解他的來意，就會比較清楚到底是該講還是不講，中計的機會就會比較低了。

不過，也有可能連對方告訴你的這些意圖都是假的，你還是不得不提防，這是強中自有強中手的情況。如果你問到最後還是不清楚他的意圖，或是覺得他不懷好意的話，那你回話最好是用似答非答、轉移話題的方式去應對，不必把話講得那麼地清楚，避免陷入對號入座的陷阱之中。這當中的攻防戰，彼此都話中有話，旁人聽起來像霧裡看花，你也只好故意把話講得不明不白了。

其實，我個人並不是很喜歡這樣的情況，畢竟說話就只是溝通的一種方式而已，如果說話這麼麻煩，又是陷阱、又是套話的，把它搞得很複雜，不是什麼有趣的事。不過，防人之心不可無，這就是現實的人生，有些人就是會玩這一種骯髒的小手段，你得要曉得怎樣保護自己。

一般的情況下，你應該盡可能地讓對方知道自己的善意，然後看看他要做甚麼。如果對方心懷不軌，就是要挖陷阱給你跳，那你就要懂得怎樣把話講得漂亮一點，一定要學會似答非答，不要對號入座，不要給出明確的答案，最關鍵的地方一定要有所保留。

似答非答，是一種模擬兩可、不置可否的回覆方式。通常來說，非到萬不得已的時候，不會用到這種立場不明的說話方式。但當你並不是很清楚對方會不會傷害你的時候，就先不要給予回應，不要人家問什麼，你就呆呆的回答什麼。這也是日常生活中關於腦力激盪的訓練。

如果你是那種直腸子的人，平常有什麼話就說什麼，隨便一個人問你話，你一概都不加思索地通通給予回應，遇到不該說真話的關鍵時刻，也一定會藏不住話，因為那是日常累積訓練下來的「自然反應」，讓你變得口無遮攔。這就好比練拳、跳舞、運動一樣，都是把身體訓練成在某種情況下會做出某種特定動作，那些反應都是練出來的。如果平常對話沒有經過思考，當然就很難避開那些陷阱，也一定會中計，因為已經訓練成這樣的反應機制了。

所有事情的勝負，都是在比速度；保持速度的關鍵，在於平常的練習。會不會中陷阱、怎麼避免被套話，都和平常訓練與警覺性夠不夠有關係。平常每一句說出口的話最好都經過縝密思考，遇到有人刻意套話時，反應速度才會快，否則一時之間反應不過來，便做不出這麼快的回應；就算你都保持緘默，功力夠高的人也能從你的反應觀察出一些端倪。

這種說話就像打擂台一樣，不管你練的是什麼拳，只要基本功底比人家差，速度比對手慢，一交手勝負便分曉了，想要躲都無處可逃。奉勸各位還是老實一點，把前面幾章的基本功練起來，平常在生活中多累積說話的實戰經驗，才是真正的王道！

第 10 章

演講的藝術

講台就是表演舞台

這裡要特別討論「演講」這個主題。

演講是個非常特別的溝通型式，也有存在的必要性。比如在課堂講課，需要一對多的溝通，日常生活裡有很多機會必須要用這樣的形態去表達。一般人不常會遇到一對多的溝通情況，所以要經過特別的訓練。如果你沒有經過修飾就隨興表達，很可能會浪費大家的寶貴時間，所以一對多的說話方式，非常值得去學習研究。

演講，也是表演舞台的一種。在舞台上，有人彈鋼琴，有人表演舞蹈，有人演話劇，有的人是唱歌。對演講者來說，所呈現的是一種說話的藝術。你講的話要讓觀眾喜歡，得到知識，或是享受這場演講的內容。台下有很多雙眼睛看著你，你傳達訊息的效果是加分還是減分？你說的話對這群人的影響是什麼？你能帶給別人什麼樣的感動與震撼？這些情形都是演講者與聽眾有所期待的互動關係。

雖然演講不像電影或舞台劇，需要特別去做出一些戲劇性的誇張動作，但表達型式還是非常具有個人風格，包含了很多的情緒，像是悲傷、快樂、感動等等細節。你要讓所有的人了解自己在表達些什麼，就像電影一樣，這部片是動作片、愛情片還是驚悚片？是要發人深省，或純粹只是博君一笑？它會有一個特別的意義或主旨，是演講者要傳達給聽眾的重點。

一般來說，你在演講台上要傳遞的，是你個人的思想哲學。好比打選戰時，候選人會舉辦政見發表會，藉由演說讓群眾感動，得到共鳴與支持。那麼，對演說者有什麼影響呢？他可以藉由這場演講震撼人心，讓人哭，讓人笑，讓人激動，讓人想要投他一票，或是讓民眾想要捐錢出力。這些都是演講可以發揮的功能，非常具有影響力與渲染力。這樣的說話藝術呈現在舞台上，形成了獨樹一格的形式。

演講，必須了解「人」

這裡先來談談我個人對於演講的喜好。

我很喜歡演講，喜歡這樣的舞台，以及大量溝通的說話方式。至於為什麼我會那麼積極地投入演講的領域？有一個很簡單的原因，就是我喜歡講話。喜歡講話，就會涉及到別人想聽什麼？我要講什麼？講了之後結果會變成怎樣？一個演講者必須在一開始就去思考這些問題。

我喜歡演講的重要理由，是這個場合可以一次進行「一對多」的溝通。在演講的時候，雖然聽眾不一定會對我說話，但是我仍可以感受到他們的心意，從他們的眼神、姿態，很明白地感覺到他們想要知道什麼？我是不是回答了他們的問題？他們是覺得無聊呢？還是很喜歡剛剛的內容？還是心中感動不已？

在我演講的時候，很多人會哭，也常常會不禁發笑，看見他們期待的眼神，我知道他們懂了，領悟了一些事情，思想轉變了，這種結果非常讓人欣慰。當然，不盡人意的狀況也是會發生的，台下有些人心不在焉，也有人會接手機、跟旁邊的人說話，甚至會問一些莫名奇妙的問題，各式各樣的情況都會發生。

正是因為有了這些經驗，讓我更瞭解「人」，也更瞭解如何在演講時控場。

在數不清的演講過程中，我對於時間的拿捏、氣氛的調整、演講舞臺的效果等等，都變得極度敏銳。每場演講一開始時，我得要觀察，知道這些聽眾是哪些人？講的題目是不是這些人有興趣的範圍？所有感官知覺的線路全部都要打開。

所有在演講時發生的問題與困擾，對我而言是很值得研究的題材，相當具有挑戰性。很多時候，演講的人要講的主題，跟聽眾想聽的、主辦單位所希望展現的都不相干。講題不是聽眾訂的，不是他們要的；就算聽眾本來想聽那個主題，但是今天來參加時的心情又不同了。有些人是慕你之名而來，也有些人是對講題產生誤會而來，有的聽眾是某些機關團體要求才來參加的，不是自己心甘情願來的；這裡面有種種可能性，變化多端。該如何講得切題、怎樣講到讓各種類型的聽眾都滿意？講到讓主辦單位喜歡？對一個以演講為職業的人來說，這是非常有意思的挑戰，也有其奧秘之處。

我在演講時，發現這裡面有很多迷人的地方，讓我充滿無限的喜悅。對我來說，我會嚴格要求自己在每場演講的表現都不同。我從來不講兩場完全一樣的演講，這不僅是對自己的期許之外，也是對常來聽我演講的聽眾的一種承諾。如果沒有不斷的去創造，講到最後一定會彈性疲乏，變成一種公式化的表演。

一般來說，我的演講是具有教育性質的，但不像大學教授，每學期都要講同樣的理論與公式，就算我講的是同樣的主軸，在不同場次裡還是會舉出不同的例子，會有一些嶄新的創意，或是前所未有的心得可以講給大家聽。就算你曾經聽過類似的觀點，我仍可以讓你有更深刻的瞭解，發現自己進入不一樣的層次，演講者與聽眾可以一起進步，有新的感動、新的體會，這就是演講的迷人之處。

我擁有許多忠誠的聽眾。這些人都聽過我的演講不下數百場，這對我來說是極大的挑戰。怎樣讓每場演講呈現的內容不一樣？怎樣讓聽的人可以得到滿足？身為一個演講者，必須不斷要求自己進步成長，能夠提供新穎的內容，不能每次說的都一成不變。我必須要有所突破，否則就會遭遇到瓶頸，得不到聽眾滿意的回響。

我所演講的題目的範圍很廣泛，最常出現的是與人生、愛有關的主題。當然，有些主題難免會重複，畢竟很多哲學理論的基本原理都是一樣的，只是演繹方式不相同，就像唱同一首情歌，也有各種不同的表達方式，可以用不同的聲調、不同的樂器搭配；主題相似的電影也有百百種詮釋的方法。對我來說，演講是一門可以不斷突破的藝術，這個舞台充滿生命力，魅力無窮。

融入環境，綻放靈魂的色彩

以下細分演講的結構與內容。

在進行演講之前，你必須要先思考，要用怎樣的聲音與情緒去表達？開場要如何製造共嗎？你要給聽眾什麼樣的知識？該如何畫下句點，才能讓大家都感到滿足？這是一個基本流程。

做為一個演講者，最重要的是自己必須不斷地學習與進步。這不只是懂很多知識、研究很多學問就行了，更重要的是自己的修為與格局，還有對於情緒掌控的能力有多深。你是否讓自己擁有更大的空間？視野能不能更寬闊？可不可以包容不一樣的想法？讓自己挑戰極限，遇到瓶頸之後再去進行突破。

這麼多年演講下來，我自己不斷地在改變，演講的每一分、每一秒，都可以感覺到聽眾情緒的改變，甚至感覺到打通對方任督二脈的共鳴震盪，真的很驚人。或許那個人只是其中一位聽眾，你可以看到他在沉思，他的想法在心中逐漸轉變，或是他的境界提升了，有些念頭浮現等等。

我經常看見我的聽眾會感動落淚，見到很多情緒的釋放，或是走過以往無法釋懷的悲傷。這些通通都沒辦法掩飾，就像火山爆發一樣澎湃。見到聽眾的這些轉變，便是我個人最大的收穫，彷彿看著眼前一朵花苞慢慢綻放開來，簡直美不勝收。

很多時候，我演講的主題會相當尖銳，內容比較深刻，我可以感覺到場上這些聽眾心中的反應與激盪。這些生命裡不斷交織出來的火花，也是我在生活中學習的課題。當然，在某些時候，反對的人會跟我進行辯論，或是提出一些不以為然的回應，場面甚至像戰爭一般劍拔弩張。千萬不要以為這是演講者的失敗！相反地，這是讓人非常感動的交流。如果聽眾沒有這樣激烈的表白，演講者可能就找不到讓自己更進一步的動力。聽眾願意如此認真地表達意見，不斷地討論到一個圓滿的結果，演講者當下心中應該充滿無限的感恩。

如果是站在看不見台下觀眾的大型舞台，跟面對小組會議型態的演講方式，得到的回應又不一樣。我個人認為，最好的現場演講規模是控制在兩百人以下，因為這樣演講者便能夠照顧到每一個人。如果人數超過兩百人以上，就要運用不同的演講形式，因為互動的機會不同，要控制場面的張力感也有所差異。

人數少的時候，幾乎可以關心到在場每一個聽眾的感受，可以做到完整的雙向溝通。在這樣的情形下，我希望能夠深入到聽眾的內心深處，讓他們不要再次陷入同樣的問題裡，別讓自己的人生陷入膠著狀態動彈不得。這些人在演講過程中的改變是很明顯的，可以清楚見到他們心中的震撼、抗拒與掙扎。這些情緒的表達很真實，也為說話藝術增添許多不同的色彩。

如果場面是超過兩百人以上，甚至是五千人以上的大型演講，演講者站在講台上甚至看不到他們的臉。雖然沒辦法看到每個人的表情與特色，但還是可以感覺到整個現場的氣氛，感受到這群人的情緒與心意。

「氛圍」，創造了一個團體的味道。這些聽眾的反應是冷漠還是熱情？是贊同或是抗議？是充滿感動還是平淡無奇？這些細節，都可以藉由環境的氛圍感受到。

你的穿著打扮、聲音與肢體語言，都會影響跟聽眾的互動。我常常講著講著，覺得自己好像在唱歌；全身都在移動，腳步像在跳著舞。演講需要有唱作俱佳的感覺，讓靈魂散發著不同色彩的光芒，進入渾然忘我的境界。你可以有很多個人的創意發揮，也可以有自己的思想哲學。我個人對於演講這種表現方式，經歷了多年的歷練，到現在仍樂此不疲，想要追求更上一層樓的境界。

以運動來說，最後你會發現自己沒有足夠的體力，你不可能打一輩子的籃球，沒辦法跳一輩子的國際標準舞。但是，演講卻能夠讓你講一輩子，能講的東西又取之不盡，也是一門非常有價值的表演藝術。我希望能夠把它變成一個可以移動的大型舞台，在世界各地展現演出。

除了我喜歡說話之外，演講對我而言也是一種使命感。我想把我取之於社會、用之於社會的經驗與智慧發揮出來，跟大家互動分享。這個世界有很多人需要這些知識，透過演講的功能，可以促成不同世代、不同種族與不同文化之間的族群交流。

有些時候，我們會去別的地方飆舞，有些人會去參加擂台，或是跟不同的人比賽打球。現在也有越來越多類似這樣的演講平台，我們可以在網路上看到，有很多人的演講非常受到好評。現代人不只是會去聽音樂會，也會去聽演講，可見大家對於演講的接受度也越來越高。它不僅是一門藝術，甚至成為生活中的一種享受，一種娛樂。

我一直期許自己能夠把演講帶到另一種層次的境界。提出這些細節，是希望可以給一些想要演講的朋友們，可以學習怎樣去表達自己的思想，藉著共同喜好的力量互相研究砥礪。

給演講學習者的提示

接下來的這些提示，是給學習如何去演講的讀者們一些基本方向。

演講必須有很多的先前準備工作。除了你個人的演說內容之外，還必須對自己的心理狀態進行調整，並準備演説的綱要與逐字稿。尤其是那些自己比較沒有把握、沒有經驗的部分，在上台之前一定要充分練習過，否則面對聽眾不知道要講些什麼，現場有人問你問題，你的回答可能會不對題，或是時間掌控不當，讓這場演説變得沒那麼完美。

你要知道你的控場能力如何。聽眾精神的集中度、情緒的掌握、時間因素能不能處理好，都是要考慮進去的因素。演講的時間可能是半天，也可能是一整天，也有幾個小時、幾分鐘的型態，都會影響你的控制與計畫。如果演講時間很短，你必須明確地讓聽眾得到你要傳達的訊息，讓他們不虛此行。至於時間比較長的演講，便要有明確的起承轉合、提綱挈領的重點安排，知道什麼時間該講些什麼。

如果是一個學習的課程，像是三五天的研習營，或是某個專業領域的特別訓練班，就要把學習的內容適當分段，才不會講得過於冗長，聽眾不容易吸收，時間也白白浪費掉了，相當可惜。

除了以上提到的這些之外，你要很清楚地知道你想傳遞的主旨是什麼，而且要一直確定自己是朝著那個方向去演説。否則時間到了，你會驚覺聽眾並沒有得到你要表達的東西，更別提達到圓滿的結果。

以電影或戲劇為例。只要劇本再三審視過，演員也經過充分排練，照著腳本把情境表現出來，就不會有太大的錯誤發生。但是，演講的狀況比較不是如此。很多演講者能夠把時間控制得很好，內容準備也相當充份，卻跟台下觀眾少有互動。演講者只負責講，聽眾就只是負責聽，這就像舞台表演一樣，幾分幾秒都可以算得很精確。這種形式比較像是總統就職大典或是學校週會時的演講，沒有互動或是其他的干擾，演說者只要事先做足演練，把要說的內容在限制時間內表達完畢就可以了。

比較資深的演講者，不帶稿子上台仍可以很精采地發揮，隨時都能侃侃而談，就像平常聊天一樣輕鬆自在，不一定要很嚴肅。但他並不是把內容死背下來，而是視當時狀況作出適當控場，具備即興演出的能力。

但是，如果是全球轉播的演講類型，當然就要有稿子，因為你一個字都不能說錯，而且時間非常緊湊，必須非常精確地控制時間，而且還要表達的很清楚。這種演說的壓力極大，不過只要事先經過充分的準備跟練習，大部份的情況還是可以控制得宜。

另外，還有互動式的演講。以我個人的演講形態，就是以這種形式為主，這種場合可以讓聽眾自由提問，可以讓他們發表意見，台上台下有很多互動交流，完全打成一片。不過，這種型態的演講控場難度較高，因為觀眾會有情緒產生，有時候會吵架，有時候會有人哭了起來，場面很尷尬，氣氛很僵。

由於控場難度高的原因，較少有演講者會選擇互動型式的演講。大部分的演講者就是從頭到尾一直講，到最後十分鐘才讓聽眾提問。但我所喜歡的演講型態，是整場都在與聽眾互動的狀態。如果你要採用這種演講方式，便要考慮這些互動的時間該怎麼掌握，聽眾有多少發言的機會，而且主題不能偏離，每個聽眾都要覺得有趣，也覺得自己被照顧到。這些都是演講者自己要定位清楚的方向。

要讓一場演講表現得淋漓盡致，除了內容、控場之外，還要去思考怎樣說才會有趣。否則時間一長，聽眾都會聽到睡著，搞不懂你要表達的意思。為了避免這種情形發生，你必須想辦法一直保持跟聽眾互動，讓他們增加參與感，才會覺得聽你說話很有意思。

我的演講過程裡很少會有聽眾睡著的情形，也很少發生聽不懂、沒興趣的情況，因為我非常在意每一個聽者當下的情況與需求，給予很多問答的空間。這些聽眾是有切身相關的問題或是學習上的興趣，所以才來聽我演講，換句話說，聽眾的態度跟演講的結果是有密切關聯的。不過，最重要的是演講者要主導這一切，只要多注意在場所有人的反應，演說的效果就會很不一樣。

我個人演講的目地，百分之百是為聽眾而講，我希望聽眾可以學到東西，可以有收穫，人生會有所改變，所以我非常重視演講的效果。另一方面，我也把演講當成一種享受，把源源不斷的生命力注入其中，自己講得很開心，聽眾也能強烈感受到我想跟所有人交流的意圖。我甚至會把演講變成動態的影像，或是變成有聲書等等不同型式的媒體去呈現，讓沒聽到演講的人可以用多元管道一同參與。

我除了期許自己成為一個更優秀的演講者之外，也希望能夠啟發更多的願意投入演講舞台的後進新血。演講可以散發出強烈的溝通意願與活力，讓這個社會活絡起來。這是一門至高無上的説話藝術，為你我的人生、這個世界創造出更多更多的火花。

演講，是説話方式中一種具有高度能量傳遞的途徑。在生活的領域裡，有各式各樣的藝術可以不受限制的發揮，也讓自己永無止境地學習，如萬花筒般的精彩萬分。有意思的是，在這種生活的藝術當中，你會找到自己喜歡的方式，表達出自己想要的意境，展現自己對於生命的活力與熱情——這是精神上的鍛鍊。當你突破極限之後所獲得的滿足感，將會成就生命中更快樂、更自由的境界。

第 11 章

創造一場精采的演講

演講時如何讓開場具有吸引力？

演講的開場非常重要，場地大小、在場人數的多寡與演講者付出的力道有密切關係。如果你跟十個人講話，要把這十個人包容在你可以控制的空間裡。如果是兩百人的演講，同樣也要把整個空間包容在自己可以控制的範圍之內，換句話說，**你必須有更強的「控場」能力。**

在演講時，傳達的意圖與震撼力要非常明確，而且必須確保每個人都能接收到。當你站到台上時，大概有幾秒鐘的時間可以先講幾句問候的開場白。例如：「大家好！」

「今天很開心來到這裡！」

不管說什麼，目的是要讓聽眾的注意力集中到你身上。然後，你必須要有非常高昂的情緒，在這個時間點把高度的能量傳達出去，讓所有的人都可以感受到你的存在。在過程中，你可以感受到說話的音量是否需要調整，或是哪個角落聽不清楚，哪些人沒在注意聽的狀況。

除了說話之外，你也可以運用敲桌、拍手的方式，引起那些心不在焉的人注意。當大家把注意力集中在你身上之後，你可以再講一些能夠引導情緒的話，此時的聲量要有足夠的震撼力，也要有豐富的情感！

如果你對此毫無頭緒，可以把這場演講當成一場演唱會。試想，如果唱歌的人一出場便要死不活的，觀眾還聽得下去嗎？演唱者必須非常地投入，才會有足夠的吸引力，也才能感染在場的所有人。

如果這是一場球賽，一開始發球的力道很強，對方把球接了起來，觀眾會心裡有數：這場球賽很有看頭！所以，開場時便要有心理準備，你必須把自己與聽眾所存在的空間都納入你可以控制的範圍之內，以便估計你要用出多少的力道。

以打高爾夫球為例。要把球打到多遠的地方，你必須知道自己要用多少的力氣。打球算的是距離，演講算的是場地大小與在場人數，灌注精神的力量要用多少，才能清楚地傳達給在場的每一個聽眾，而且能夠感到震撼的效果，這是非常重要的基本觀念。

創造吸引力就像擊球那一瞬間，觀眾一看到球被打出去，聽到「鏗！」的撞擊聲，就深刻感受到這是精采的好球。同樣地，話一講出來，就得讓人感覺到這樣的力道。你必須把情緒非常明顯地表現出來，要有吸引他人的強烈企圖，才會產生渲染力，這是相互的作用——換句話說，**吸引力並不只是單向地想著怎樣把對方的注意力給拉過來**，另一方面，你也要考量自己是否完全地投入？這個因素非常重要。

要如何鋪陳話題的爆點（高潮）？

話題的爆點、高潮，你必須要能夠掌握得到，如果沒有事先預計在某個時間點引爆的話，高潮是不會發生的。換句話說，**你必須有意識地去鋪陳，造就爆點的產生。**

首先，你要先把高潮引爆的時間點進行正確估算，再發揮創造力與想像力把它裝飾一下，增加它的刺激程度。這就像模特兒在走伸展台的時候，壓軸的人不僅要長得漂亮，再噴灑一點金粉、打出特別的燈光、與眾不同的旁白等等，一出場就吸引眾人的目光。

在演講開始之前，演說者必須知道高潮、爆點會在什麼地方出現。爆點已經準備好了，前面還得先鋪陳一些話題，或先賣個關子。就像在拍電影寫劇本時，編劇會先確認劇情高潮該出現的時間，然後倒回去把前面的段子鋪陳清楚，引回爆點上。

假設今天你要跟女朋友求婚，這個求婚的動作跟說詞，就是整個事件的爆點。至於怎樣讓這個爆點能夠讓她更感動，答應點頭嫁給你？送鮮花？送鑽戒？或是講哪一句讓她感動的話？先把這個爆點想好，之後你要做的事，就是進行鋪陳求婚之前的細節。

你可以提到，兩個人曾經擁有過怎樣的夢想？

過去一起走過的幾年，發生了哪些事情？

在什麼時間點你遇到她，跟她在一起？

她做了什麼事讓你感動？哪些事情讓你記憶深刻？

要怎麼說，隨便你發揮，這都是一種鋪陳。但最後要把這些話的力量結合，全部引導到爆點上——你需要有一個人一起同心協力，共組家庭。這句話就是高潮了。

這些鋪陳的話題，內容要符合對方心思，必須考量要投入多少情感，了解對方有多少的感受，怎樣修飾可以更精采。只要鋪陳得夠好，對方的眼淚就會掉下來。

鋪陳話題是要用心下功夫的。如果沒有創意，對這個人沒有深入的交流與了解，根本不可能靠一句話打開對方的心房——這可不是一個技巧，簡單到把鑰匙插進去、轉一下，車子就會發動那般容易！你要把感情細緻地表達，讓對方感同身受，爆點才會出現——只要做對，絕對是百發百中，一定會發生。這種精確「對焦」的快感讓人如癡如醉，也是這麼多人義無反顧地投入藝術領域的原因之一。

在某些情況之下，不一定要慢慢鋪陳引述，可以快速讓聽眾有個驚喜，用爆點來串連下一個爆點，變成高潮不斷的風格。這是功力相當深厚的設計，除了要有過人的腦力之外，還要有足夠的體力配合才能順利執行。

即興演講，需把握哪些要素？

首先，你要知道這個題目到底要講些什麼內容？若是對方沒有明確地給出一個題目，你還是要知道你的中心思想是什麼。也就是說，你要有一個表達的主軸，再來談後面這些條理跟細節。

譬如說，在不同的時間、場合下，你可能想要分成三個重點來說明，也可能只想講一個重點，不管怎樣都行，但腦袋必須清楚要講的條理。你可以從某個重點不斷擴大出去，或是講的三個重點之間有什麼關聯性？要在哪裡安插高潮？要引導出怎麼樣的結論？你必須先找出一個主軸，才能把這些部份串連起來。

即席演講還有一個很重要的重點，就是一定要很清楚對方有沒有聽懂你在說什麼。如果你能夠了解聽眾的心意與水準，才有辦法隨著對方的需求跟期待來調整內容，彼此才會有所連結。畢竟溝通是互動的，你不能只是一個人在演獨角戲，只講你要講的東西；如果人家不想聽這些內容呢？演講的效果當然不會好。

所以，**你一定要把別人期待要聽的，跟自己要講的內容找到一個結合點。**你有一套自己的人生哲學，這套哲學不管走到哪兒都是一樣的，但你要觀察聽眾是怎樣的對象，切入的角度就不一樣了。

當你碰到個子較高的人，你要給他禮物，手就得抬高一點；遇到跟你一樣高的人，手伸出去就是平的；若是遇到個子比較矮的人，你就得彎下腰，或是手要放低一點。這種概念，可以幫助你如何去表達，跟對方順利互動。

在即興演講時，你要很敏銳地找到跟聽眾交集的接觸點，這是非常重要的！你調整方向、頻率的速度要非常快，要曉得怎樣讓鋪陳、切入去「對焦」，讓自己的演講精采。但這些調整，並非有辦法事先準備，必須靠著臨場隨機應變的能力，才有辦法做到「恰到好處」。

演講的時間是非常重要的因素。你可以從一個簡單的開場開始，當中要有多少的舉例說明，就看有多少時間。如果時間充裕的話，可以把渾身解數都用上；如果沒有時間，點到為止即可。

即興演講的控制就像打果汁一樣。憑藉著你的經驗，知道該放多少糖、多少水，不管大杯或小杯，果汁的濃度應該要相同，而不是大杯就多加點水稀釋一下，小杯就打得特別濃；而且最後一定要記得蓋上杯蓋、附上吸管、袋子與紙巾，該有的配備都不可少。收尾動作一定要做，否則就不夠專業。

演講的時間雖有長短，可是說話的內容、水準必須保持一致。**基本上，要在不同的時間保持一定的演說水準，重點是「整理」的功夫**，從知道題目到站上台之前，整理出要講的細節，包括開場白、中間的橋段、結束的收場。你必須去思考這些時間要怎麼分配，如何跟聽眾互動找到對焦的切入點，快速建立溝通的管道？要做好這些，當然平常便要勤加練習，否則不可能這麼輕易做到。

即席演講可以像煮一個水煮蛋這麼簡單，也可以做到像辦一桌年菜一樣豐盛，就看演說的材料、時間、整體性、聽眾以及當下場合該怎樣去變化。你肚子裡有多少料，站上台說話就表現出多少的內涵，很少會有突然講得很好或是突然講得很差的情況。也就是說，這是基本功有多深厚的問題。

要如何條理分明的去分析一件事情，增加說服力？

要做到條理分明之前，有一個很有趣的地方，就是你必須了解對方理解的程度以及思考邏輯。要是你不知道對方是怎麼想的，其實也很簡單：直接問就可以了。可是，你也不可能每次都在丟問題，而是把那些不理解的地方提出來詢問一下，釐清癥結。

基本上，你必須要主動去了解人家怎麼思考？困惑是什麼？他要理解的東西是什麼？怎樣講，對方才會懂？

當你舉例的時候，**要以不同角度、各種層次的說明，舉出不同的例子**。比方說：什麼是「清楚」？若你一直重覆地跟對方說：「清楚就是條理分明」，或是「清楚就是明白」、「清楚就是了解」，這種講法就沒有什麼意思，不懂還是不懂。

你可以說：「『清楚』就是容易了解、辨認的意思。比方說：這道理已經講的很清楚了。」

「『清楚』就是明白、不含混。他剛剛『清楚』地向大家宣布了公司的決議——『清楚』在這裡就是明白無誤的意思。」

「『清楚』就是透徹，有條理。當有人對你說：把這問題想清楚了！就是要你對這個問題完全了解。」

同樣的東西，可以用完全不一樣的方式舉例來描述，這是一種強化條理的方式。

另外一個，是用不同的角度、切入點，不斷地講述同樣一件事情，直到對方理解為止，這是第二種方式。

第三種方式，是以不同對比的例子強調反差，讓對方增加了解這件事情的機會。你可以舉正反兩面的例子強調其中的差異，或是提出類似的狀況，幫助對方更清楚對焦，這也是一種方法。

舉例的多元性可以讓聽者可以從不同的角度理解，說服力自然就會增加，因為他會找到自己能夠理解的真實性。譬如你跟對方說：「每個人都需要打招呼。」他心想，這沒什麼道理嘛，沒什麼說服力。你可以跟他解釋進門的時候怎麼打招呼，朋友見面的時候怎麼打招呼、碰到同事怎麼打招呼、夫妻之間怎麼打招呼……，這就是舉例說明，而且可以用相同的情況再進一步解釋。好比打不打招呼的差別是什麼？類似的延伸狀況也可以提出來——夫妻之間若是這樣子打招呼，對同事其實也不會差多少，父母也是一樣之類的。你還可以告訴他，如果不打招呼的話，接下來會發生什麼情況？老婆就會跟你吵架，今晚你沒辦法睡床上，或是她跟你冷戰一個禮拜……當你這樣解釋，對方就會曉得：「喔！打招呼原來是如此重要啊。」

「嗯，似乎很有道理呢。」

當你在演講的時候，自己的態度必須非常堅定。「我自己非常重視打招呼這件事情！」

「打招呼這件事情非常非常地重要！」

「你跟人家的關係要好，一定要打招呼。」

你要說的邏輯或許很簡單，但重點是講到讓對方聽得懂，你自己的立場要明確，不是模稜兩可、要不要都無所謂，或是一副我講給你聽，最後你自己看著辦的態度；要是聽眾接收到這種說法，也會感到一頭霧水——奇怪？你是要跟我說些什麼？他想破了頭還是搞不清楚，說服力當然不高。

在演講過程中，必須要灌注相當多的正面能量，說話必須肯定明確、口齒清楚，而且要鼓勵聽眾，帶著他們走向理解、接受的結果。這是身為演說者的責任。

怎樣誘發聽眾的好奇心？

關於好奇心，每個人在意的地方都不太一樣，但多少都會想知道怎麼一回事——到底這個糖果嚐起來是什麼味道？這個葫蘆裡賣的是什麼藥？你要營造「賣關子」的感覺，就要問很多有趣的問題，但不把答案說出來，故意吊對方的味口，引發對方想要「挖掘寶藏」的欲望。

當然，誘發好奇心的前提是：他想要聽下去。他想看，卻又看不見，所以就只好猜，這就好玩啦！有些話題是比較有趣的，再加上講了一些故事之後，對方就會想知道結果，好比電影、連續劇、魔術表演一樣，觀眾都會想要知道最後發生了什麼事。

要增加對方的好奇心，就要準備很多的問題，而且是對方非常有興趣的內容。對一個演講者來說，問一些讓聽者覺得有趣的問題或是講了很多沒有結果的故事，給予很大的想像空間；當聽眾去思考的時候，就會激發繼續聽下去的好奇心。

不過，這些問題的答案，最好是他覺得有意義的事情。就像拿玩具給小孩子玩，要是連大人看了都沒什麼興趣，小孩子也不會想要去碰它。所以，你一定要找到對方期待、有興趣的事情。

譬如說，這群聽眾很想要知道怎麼去做市場調查，怎樣的廣告才會有效果，或是怎樣能多賺點錢？你一講到錢，他的好奇心當然就比較高了。你現在對著一群精蟲衝腦的男生說話，他們都很想追女孩子，你就知道該講些什麼他們才會喜歡聽。否則，若是莫名其妙地想要引起別人注意，只會造成反效果，也搔不到聽眾的癢處。

不管用什麼樣的招數、有什麼樣的心意，都要跟對方對焦。演講者本身的基本功要紮實，不是一直想著要出奇招引起別人的好奇心，時間一旦久了，招式用老了，聽眾一定會失去耐性，下次就不想理你了。

每個人注意的、喜歡的事情都不一樣。簡單來說，這是觀察力的問題，你要能夠觀察入微，找出聽眾感到好奇的方向去給出問題，配合服務對方的耐心，讓聽眾愉快地保持好奇心。

說故事要怎樣去感動別人？

就算同一個故事，每個人欣賞的角度也不同。但說故事的人會有要表達的主旨，這個故事本身要有意義。

以故事的挑選來說，我個人比較喜歡能夠激勵人心、讓人覺得感性、充滿愛、有新意、內心充滿感動、表達出濃厚情感，可以給人們一些啟發的故事。當然，這是我個人的偏好，但每一個人都有自己認為有意義的地方，只要把內心的感覺說出來，便能得到對方的共鳴。

當然，你也可以找一些悲情的故事，博取他人的同情，但我個人比較不欣賞這種類型。並不是說這些故事沒有用處，而是會讓聽眾的情緒比較低落，覺得可憐甚至不忍心，這樣的心情並不是真的很舒服，缺乏藝術的價值。

不過，最重要的是：**你得要先感動自己，才能夠感動別人！**說故事的時候，要表達出感覺的細節，故事主軸有起伏、轉折與高潮，讓人可以體會到你要表達的愛與胸襟。至於聽眾感動之後會產生什麼樣的火花就不是那麼重要；關鍵是你必須有能力把那些令人動容的細節表達出來。

引人入勝的故事，要有個簡單明瞭的起頭，帶出情境及人物之間的關係，佈局的好壞是重要的關鍵。一般來說，最好是挑選你自己生命中發生的故事，或你曾感受到的事件。那些讓你悸動的地方，經過精心的鋪陳與細膩的表達，傳達澎湃激昂的情緒，別人會因你的情感而感動，彼此的心意可以相連在一起。

你挑的這些故事之所以要有意義、有深度，是因為一般人都有共同的期待與需求，他們希望你說出來的話可以讓他們得到滿足。朝著這樣的方向去講故事，就可以在演講過程中創造出更多動人的時刻。

在演講過程中，有人問了不相干的問題，該如何處理？

這種狀況，不僅是在演講時需要處理，就算平常的溝通也是常見的干擾。在講話的過程中，很多人會問一些與目前不相干的問題，把主題岔開來，這個時候應該怎麼辦？

簡單地說，你要讓對方明白他問的這個問題，你可能想回答、知道怎麼回答，但現在的時間不方便回答，可以找其他時間再討論這個問題。**你必須要快速地回應，並切回原來演講**

話題的主軸。

有些時候，問話的人會不高興，或是遇到場面失控等等難以預料的狀況。這也是沒有辦法的事，你必須要有能力面對這些讓你為難的情形。你要記得原本的主題，記得你應該要跟哪些人說話，現在正在講些什麼內容。若有任何人打斷或發出干擾，你必須儘可能在最短的時間內，回到原來演講的主題。

演講時還有其他聽眾在等你說話，你的時間是大家的時間，不應該為了回答某個不相干的問題而浪費時間，這是溝通當中必須遵守的原則：**你要對講話的對象負責到底。**

在演講的情況之下，所有不相干的問題都必須在其他的時間處理。你必須搞清楚，演講者對台下所有的聽眾有所承諾，每個坐在台下的人都對你原本講的主題有所期待；換句話說，你在演講當中必須去完成一件「產品」——讓多數的聽眾滿意。至於中間突然插入的那些與產品不相干的問題，不該在這個時間點上被處理。

不過，你也不能完全無視這些問題的存在，這樣的做法有時會造成其他的誤會。你得明確地告知對方，現在我們不討論這個問題，演講後有時間再來處理。但說話方式要有禮貌，過程要優雅，保持心平氣和。

然而，不管是不是在演講的場合，只要是跟別人講話，這些外在的干擾在生活裡經常發生，像是帶小孩、談生意、在辦公室開會、跟朋友講話都有可能會出現，所以這是一定要學會的説話技巧。

要如何控制演講的時間？

如果你對時間沒什麼概念，就可能會説得太長或太短，沒辦法控制自己要講的內容。想要精準掌控時間，坦白説，難度還頗高的，可能一開始要有人在旁邊監控，或是設定鬧鐘來提醒；不過最好是演講者自己可以知道用掉多少時間，該停的時候就要停。

要進行時間的控制訓練，第一件事情就是知道怎麼去分配演説細節。譬如你要去主講一場一個半小時的演講，你準備了三個主題。如果把三個主題各自分配為半個小時，現場演説時不太可能如此精確，可以預料時間上一定會失控。

演講的第一個重頭戲就是開場。大部分的開場時間都不會很準時，所以你應該給自己一些緩衝，不管説些什麼，都是做為開場的調整。可能有些位置要改變一下，可能會場還有人要進來，你自己也要先暖身，也給別人一些準備，這些通通都要計算在前面的緩衝時間裡。假設開場的緩衝時間是十分鐘，接下來你就有二十分鐘可以講述第一個主題。

再來的半小時，便要進入第二個主題，這部份大概也會用掉二十分鐘。聰明的你應該會發現，從開場到第二個主題結束時，大概只過了五十分鐘左右，你還有十分鐘做墊底。萬一在前兩個主題有什麼突發狀況，像是有人問了問題，或是你講的稍微長了些，前面的時間不夠你講完，就可以藉著這十分鐘做個調整。如此一來，剛好用掉第二個半小時。

至於第三個半小時，不能因為最後的主題是壓軸，所以就盡情講個三十分鐘，這種想法又錯了。不管怎樣，你還是要把這個主題控制在二十分鐘以內，留一點時間做收尾的動作。如果壓軸就是需要這麼多的時間才能發揮，那你就得考慮把前面兩個時段挪出一些時間，或是將最後保留的十分鐘控制到更精簡。

最後的時間，可能讓聽眾問些問題，也可以把前面這些三個主題全部銜接起來，整體做個總結。若最後沒有留一些時間來完成這些收尾的動作，極有可能會發生超時的情況，到時候聽眾坐不住，有人要離席，或是拖到會場工作人員需要處理的事情等等，讓一場演講變得不完美，這一點一定得特別注意。

我們在演講的時候，不可能知道現場會發生什麼事情，沒有人能夠百分之百地預測未來。你只能估計可能會有什麼事情出現，不管遇到什麼狀況，都要在最後的十分鐘做調整。萬一有什麼內容被遺漏，或是你想要補充一些心得與感想，可以趁這段時間把它給補進去。

所以，時間控制並不是有幾個主題，就把它各自分配得剛剛好。不要很天真地以為時間分配得很精確，演講時就會照著你的如意算盤走，錯！這不是電影或舞台劇，演講時有很多的突發狀況與現場互動，**時間永遠不會剛剛好，永遠都要多給自己預留一些緩衝時間**——開場需要緩衝，中間最好要安排一個中場休息，就算沒有休息，也可以開放來賓問問題。在結束之前的兩三分鐘，最好能夠說一些感動的心得、美好的祝福或有意義的鼓勵，讓聽眾有「意猶未盡」的感覺。在許多演講的場合，你總是會想多講一句話，或是多表達一些感覺。只要多保留一些緩衝的彈性空間，就會更自在從容，說起話來也比較舒服。

除了前面提到的那些重點之外，你必須能夠非常清楚地知道時間過了多久，對節奏的控制必須很敏感——何時該快、何時該慢，要拉緊呢還是要放鬆？到了該結束的時候，就要立即收尾，才能夠真正地做到收放自如、精采萬分。

第 12 章

這些話，該怎麼說？

怎樣能做到「點到為止」，給對方保留台階？

會這樣想的人，其實是不希望給對方難堪，盡量避免把話講得太絕。如果是高手過招，只要點到為止，輸贏便見真章。雖然不見得要讓對方丟盡顏面，但只要談話的雙方水準夠高，大家都是明眼人，誰勝誰負必然心裡有數，彼此也知道沒有再演下去的必要。

換句話說，**就算你想要做到「點到為止」，也要看對手夠不夠水準。**這就像許多比賽有分水準與級數，為什麼拳擊要分不同的量級？因為雙方的條件必須能夠抗衡，比賽才會有看頭。問題是，沒有人把說話的能力分成各種級數，所以這並不是你能不能做到的問題，而是你跟對方的說話水準能不能「匹配」的問題。

如果對方的水準不到那裡，就算你明確地點出了問題，也無法在你希望停下來的「點」上結束——為什麼？因為對方根本聽不懂。你想要給對方保留台階，偏偏他根本不知道那裡有台階可以下！換句話說，你想要幫助對方的好意，其實是很難實現的。

真正的「點到為止」，仍是相當致命、一針見血的。如果你不想把話講到底、講到滿，一般來說，對方不會曉得你想要幹什麼。換句話說，「點到為止」這件事要能夠成立，必須建立在對方「心裡有數」的前提之下。要是你覺得夠了，可以停了，對方卻不認為你在讓他，甚至問出讓人更難堪的問題，只會愈來愈丟臉，根本不可能有什麼好結果。

更進一步來解釋：**這不是「止不住」的問題，而是「點不到」的問題。**

有些人說話很含蓄，總想著要怎樣拐個彎說話才比較不會傷到人。我個人覺得，這種說話方式有點像脫褲子放屁！那麼保留要幹什麼呢？要是對方不欣賞，或是體會不到你的用心，這樣說話的意義何在？

既然要給台階，乾脆直接牽著他的手，好好地走下台去還比較實際一點。在那兒故弄玄虛地說話，好像要點破又不願意出手，人家也不曉得到底要不要停下來；你甚至還怪別人不領情、不識相——問題是，對方聽不懂你在說些什麼啊。

你得先想想：真的有必要這樣說話嗎？

有些人會說：「不把話講得那麼直接，是一種朦朧美。」這說說法，就有點像是化妝化得很醜，便用「朦朧美」這個詞安慰一下自己，這樣就看不到瑕疵，別人看不太清楚，感覺上還有一些想像空間——其實這是咬文嚼字的事情，跟溝通沒有關係。

「點到為止」適合用在什麼時候呢？譬如在比武的時候，不能置對方於死地，打到這裡、知道輸贏就行了，或是棋下到這兒就不必再繼續了，有一方知道該認輸了。這種「點到為止」的動作非常明確，因為後面的結果已經很清楚了。

至於在平常說話時，因為這不是比賽，也沒有裁判，當事人常常搞不清楚是輸還是贏。是不是一定要把話講到很難聽？還是該點出來的部分讓他懂了就好，其他的就不需要繼續講了？你得要先仔細想想，這樣說話的意義何在，也得判斷對方是否明白究竟發生了什麼事。

如果你生氣了，可以讓對方知道你生氣了——點到了就好，不必再把他罵個狗血淋頭。這種「點到為止」就是必須的，因為你罵一句跟罵一百句並沒有太大的差別——當然，罵一百句可以表現出你心中有那麼深的怨恨，但就算只是罵一句，意思還是非常清楚，這就算是點到為止了。

所以，這個問題當中想要「點到為止」、想給對方保留點面子，我個人的想法是：提問的人是很害臊的，或是想講出來卻又怕得罪對方，承受不起撕破臉的不舒服；也可能是基於面子問題，希望不要過於為難別人——當然，你很好心、覺得做人應該厚道一些，這些都沒問題。但是，說話要做到「點到為止」不是一件容易的事！除非功力夠深厚，否則一定常會發生講不清楚的狀況，兩邊都搞得莫名其妙。

高手過招，稍微比畫過就不必再打了，兩邊互道「承讓」就結束了。不夠水準的人，打到稀巴爛都難分難解。有些時候你根本不需要出手，一看就知道你贏定了，可是對方一直要死纏爛打，你要怎樣點到為止？只好一出手就讓他動不了——他會停，是因為他已經被打趴了，或是沒辦法再反擊。

若你的初衷是想給對方保留面子，不要把話講得那麼重，那麼，你自己的心理建設、個人修為比較重要，要能夠原諒、包容對方，給予足夠的空間，而不是一直在想：「我該怎樣說話，才不會把話說得太重？」

「話要怎樣說，才不至於讓他很難堪？」

「給他留點面子，以後遇到才不會太尷尬。」

這些出發點都沒有錯。不過，**如果你一直想要從「保護對方」、「不傷害對方」作為出發點，最後一定會徒勞無功。**

要有「點到為止」的能耐，除了說話的功力要夠之外，對於人性也得了解地相當透徹，才會知道該怎麼去點、該怎麼去停。在擁有這樣的水準之前，講這些仍是多餘的。多注意別人的感受，更有胸襟去容忍別人的缺失，並加強自己說話的基本功力，先把話講清楚還是比較實際一些。

當有人發表荒謬的言論，我想表示不同的意見，可是又沒有什麼立場，難道就乾脆不要說了嗎？

這是一個觀念上的問題。你覺得這件事很荒謬，但是別人不一定覺得荒謬；或者應該這麼說：他一定是覺得這論點非常棒，才值得這樣「發表」。

如果你是參加老同學或好朋友的聚餐，大家相知甚久，也了解彼此的個性與立場，你就可以表達自己的意見，當然也不會有太大的問題。但是，你必須了解一件事：**就算有不同的意見，也不是每次都一定要表達出來的！**說了結果會如何？有人要聽嗎？這些話說出去之前，還是考慮一下吧！

在溝通的守則裡，也沒有要求你得全部表達出來。你有沒有說話的立場？講出來有沒有人會接受？如果你跟別人討論事情，人家問你問題，或者你的身份是上司、指導老師、教練等等，在這樣的立場之下，你就非得表達意見不可。所以，這跟你的職位、身份有密切關係。

但是，如果沒有這樣的立場，你不明白自己的身份角色，不知道自己為什麼在那個地方……我奉勸你，這個時候不要說出來才是對的。

人要有自知之明，你要知道自己的意見說出來之後，會有什麼結果。如果沒人要聽，說出來反而會讓人覺得荒謬，最後變成你自己下不了台。

當別人感興趣的話題，是我不熟悉的領域，要怎麼接話？

遇到不熟悉的話題，你想讓講話的人非常滿足、開心，該怎麼接話？有一個重點是：千萬不要故作聰明、不懂裝懂，要不然一下子就被對方打槍了。不懂就不懂啊！不懂有什麼可恥呢？接什麼話並不重要，重要的是他很有興趣，你也要極度有興趣。

但是，既然你對這個領域不甚了解，要怎麼有興趣呢？其實很簡單：**你有興趣的部分是「聽」，讓他盡情地說出他懂的跟他有興趣的，這樣就非常夠了！**

所以，接話呢，只要接兩種話就可以了。

第一種，就是告訴他說：「我想要多了解一下，你說的這些東西是什麼？」反正你不懂，所以你得問清楚對方剛才講的內容到底是什麼？有趣在哪兒？他為什麼會喜歡？把你不懂的都問到懂。現在是你想要學、想要了解，所以才會一直問他，目地就是讓他好好說話。

第二個，就是叫他再繼續講。如果他這麼有興趣，就請他說說後來發生什麼事情？他對這件事情還有什麼樣的感受，或是有什麼還沒說的？引導對方繼續說下去，他不僅會說到很暢快，還樂此不疲呢。

每個人講到自己有興趣的事情都會口沫橫飛，就算講了兩小時、肚子餓了都還不肯罷休。你要接話，只要問問題就行了，但千萬記得說話中的基本功——**你必須「懂」**。

這兩個方向是你佔有勝算的說話方式，朝這兩個方向去接話就不會不對焦，只要順勢去問話，就不會講到面紅耳赤、僵持不下。畢竟講的是對方很感興趣的話題，他會比較不厭其煩地告訴你。要是你沒有讀萬卷書，也沒有行萬里路的機會，那麼，聽別人講話也是很好的學習機會。

有些事情，人家平常還不願意告訴你，你也無從得知。但是，當對方有興趣告訴你時，最好趕快聽一下，這是些人生的經驗是相當難得的。聽有學問的人說話，勝過讀好幾年的書；就算對方沒有什麼大學問，至少你也可以感受到他的熱情。當一個人對某件事情如此瘋狂，為了自己喜歡的東西在拼命，在這個領域付出所有的熱忱，這就是一種藝術的本質，永不凋零的生命之花！

接話時，最忌諱流於形式化，說來說去就是那幾句：「後來怎麼樣？」「你還有什麼可以告訴我的嗎？」

講話像機器人一樣重覆那幾句，那種呆板的說話方式讓對方感到很無聊，愈來愈不感興趣，最後就不想講話了。所以，接話要接得讓人家喜歡，覺得你跟他是一體的。要是對方覺得你老是一副狀況外的樣子，就像看影片正準備進入高潮時，突然被人按下了「停止」按鍵，整個場子都冷掉了。

該接什麼話，只是說話的技巧與形式。當你接話時，表情、熱忱、語氣都必須跟說話者有一樣的程度——情緒最好是更高昂一些，否則沒辦法讓人感覺到誠意。你必須明白一個重點：**他並不是對他所說的話題不感興趣，而是沒有興趣跟你講話！**

即使你對他說所的領域很不熟悉，也要表現出想要參與的心意。雖然你沒有辦法像他那樣講到口沫橫飛，可是仍要表現出強烈的興趣，才能引導對方繼續談論這個話題。反之，若你看起來興致缺缺，人家就講不下去了。

既然你想跟對方講話，就得要去了解他，要能夠感同身受。光看著他在說話時如此地眉飛色舞、如痴如醉，應該要能夠欣賞才對。這是一個接話的基本要件。對方講哪個領域都不是重點，重點是，你的心也要跟著對方起伏，好像在一起探險一樣——他很緊張，你也覺得很危險；他講到慷慨激昂處，你也感動萬分；他覺得遇到了瓶頸，你也要能夠體會對方的失落。當你能夠跟隨著人家的感覺，自然就會有最棒的「接話」，這是說話藝術裡必須包含的要素。

要如何去和另一個人一搭一唱？

一搭一唱就是演雙簧，兩個人要很有默契。默契是長年累月培養的，平常必須要有頻繁合作的機會，過程中難免發生了許多錯誤或磨擦，在一起久了，彼此逐漸了解對方的思考模式之後，就會有默契。

你可以看到，許多夫妻之間為什麼配得這麼好？當某一個人說了某句話，另一個人都會知道接下來要搭什麼。這就是彼此互相瞭解的程度夠高。

一搭一唱就像雙人舞、對手戲或是雙重奏，要跟另一個人搭配之前，你自己一定要先練好基本功，兩個人配合起來才會有加分效果。**至於如何一搭一唱呢？百分之九十九都是靠練的，別無他法。**你只能找個人拼命練，練到雙璧合一，渾然天成。

如果你本身就有一些基本功的底子，練起來的速度就會快一些。比如說，你會跳交際舞，對方也會，兩個人都有不錯的舞蹈能力，任何一對這樣的搭檔，只要給予三到六個月的時間去練，就會有相當不錯的默契了。有些水準高的搭檔，甚至只要幾天、幾個小時，就能夠上場表演！能夠發揮多少實力，端看個人的基本功有多深厚。

以音樂方面來說，許多傑出的指揮家、鋼琴家或小提琴手，不管去到哪個樂團，很快就可以跟隊友配合，因為他有那些「底子」在，懂得配合的規則——什麼時間該做些什麼事？什麼狀態該如何應付？全都是有規矩的。當雙方都對某個領域到了相當深入的程度，要相互配合自然就容易多了。這就是所謂的「一搭一唱」。

至於在說話方面，**一搭一唱最重要的基本功在於觀察**——對方講的這句話是什麼意思？他臉上的表情是代表什麼狀況？如果你能夠摸透，很容易便能一搭一唱。這就像打乒乓球一樣，來回個幾次，便能知道對方的球路與實力。

生活裡面常會遇到需要「一搭一唱」的狀況。有時候，你會覺得跟這個人一見如故、趣味相投，另外一方面，也可能是兩個人的水準相近，所以一拍即合，話一出口就正中要害，可以體會到對方話中的重點。

但是，你一個人怎能跟別人唱和？這就靠平時說話的底子。底子夠好，就沒那麼困難。就像兩個音樂家碰在一塊兒，一個彈鋼琴，一個拉小提琴，只要鋼琴一開始彈，小提琴手就知道該怎麼拉。為什麼他能有這種本事？因為彈了幾萬次的鋼琴，也搭配了無數次的小提琴演奏經驗，自然就會做得很好。

你不必認為這種事很難、很玄。如果你家裡是開店的，從小就可以幫忙爸媽做生意，就算沒有開店，逛市場時可以跟老闆多說點話，日常的活動中都可以學習到很多說話的經驗。從小多參加一些團體活動或比賽，在潛移默化之中，會讓你成為一個能夠和別人一搭一唱的人。

父母跟孩子說話時，要注意哪些事？

父母跟孩子說話只是輩份不同，但是重點還是一樣——**要尊重，要有愛心，要給對方空間，要引導他而不是強迫，彼此是以平等的地位在溝通。**你不能因為他是孩子就不顧慮他的自尊，處處都用強勢的態度壓抑他，那就沒得講了。

有很多父母會說：「我之所以會這麼說，出發點是『為他好』。」但是，「為他好」不該是一種壓抑、八股的方式，抱著「我這樣才對，你那樣做不對」，或是「我這麼做是為了你好，所以你得要照我的話做」，這套是不管用的。

所謂的愛心，是指你要輔導他、幫助他、關心他。為了瞭解他，你希望知道他的想法與感受，這是基本的態度。很可惜的是，**許多父母在付出愛心之餘，卻忘了給予孩子足夠的「空間」**。

所謂的「空間」，就是給他決定的機會，讓他有選擇的權力，可以獨立思考。等到孩子長大了，如果不能獨立思考，他永遠都會想依賴父母，也不會有任何的責任感，這是相當可怕的事情。

當你跟孩子說話的時候，必須站在「指引」的角度——你可以給他一個方向，或是告訴他這件事情的利害關係，你可以告訴孩子，這樣做的結果是什麼，那樣做的結果又是什麼，但是不要強迫他非得怎樣做不可。

既然你吃的鹽比他吃的飯多，就該提醒有什麼事情要注意，把自己的心得跟他分享，而不是做錯了事就用罵的，強迫他只准照你的話做。話語帶有強迫的意味，孩子是不會聽的，如果強迫有用，大家最後當奴隸就好了，也不必爭取什麼自由與民主。

做父母的人如果不注意這些事情，教育孩子的效果都不會很好。但你必須曉得，這跟你是不是父母的身份沒有多大的關係，而是這種說話方式違背了溝通的基本原則。

以照相為例子。光線不夠，照出來的畫面就會過暗。你的手不夠穩，畫面就會模糊不清。你並不會因為身份地位不同，拍照機制就跟別人不一樣。要拍出好看的照片，有一定的原理與基本要素。

同樣地，**不會因為你是爸爸或媽媽，孩子就一定會聽你的。只要違背溝通應該遵循的原則，就不會有一個良好的溝通。**但父母對小孩說話時，往往會因為身份而忘了溝通的基本原則。當這些原則被忽略掉之後，不管你跟誰講話，一定都會失敗的！

如何討公公、婆婆、岳父、岳母的歡心？

要討人歡心其實很簡單，跟是不是公公、婆婆、岳父母的身份沒有太大關係，原則都是一樣。最重要的第一步，就是看對方是一個怎樣的人。

一樣米養百樣人，你會遇到很多不一樣的說話對象，也有不同的應對方式。就算是同一家人，讓公公開心的方式跟討婆婆歡心的方式也一定有差別，取悅岳父跟岳母的方式也不會一樣，但遵循的道理卻相同，就是去做他們「需要」跟「想要」的事情。至於這些「需要」跟「想要」是什麼？答案就得讓你自己去尋找了。他的個性跟喜好如何？他是什麼背景出身的？他可能是受日本教育，也可能是西式教育的，他可能是流浪漢的類型，可能是學術界人士，也可能是生意人等等。不管是哪種人，你要討他歡心，就要做出他需要的、他在乎的，對他來說是最好的、可以理解的。

一般父母的「需要」與「想要」，第一順位是「尊重」。當你有事情就請教他，看他有什麼意見，尤其是他特別在乎的事情，你先問過他就會很有效果。

譬如說，家族聚餐時要吃些什麼，什麼時候帶小孩回來，回來的時候要安排些什麼節目？這些是父母很在乎的事情。你問過他的意見，就表示你很尊重他，就可以討到對方的歡心。

第二個，想要跟他們在一起的心意。你對父母表達希望見到他們，讓他感覺什麼事你都會記得算他一份，他就覺得開心了。

譬如說，他很喜歡旅行，你就帶著他到處去玩。過年他希望你回家住，你就回家住；雖然平時工作忙碌，仍要記得安排時間跟他們一起相處；有時他希望帶你去見某個朋友，或者是幫他請客等等。每個人想要的內容都不一樣，但有一件事是相同的：**你必須把他包容在你的世界裡**。換句話說，你必須進入到他的世界，與他同進退。你去探望他，跟他噓寒問暖，讓他們預期你會跟他在一起，父母就喜歡這種感覺。

父母要的東西其實都很簡單，基本來說，就是陪他們多講話，特別是講一些讚美的話，或是聊一些他喜歡的事情。不一定要講那麼多的甜言蜜語，但是想要討老人家歡心，多陪著他們、聽他們講話是非常重要的動作。其他的部分，就是看個人需求。如果他喜歡抱孫子，你生了小孩當然就討他歡心；如果他喜歡紅包，你就給他大一點的紅包，自然就討他歡心。

不過，父母親最希望的還是孩子能夠跟他們多親近、陪著他們多講講話、尊重他們的意見，能夠做到上述的事情就已經相當不錯了。

媽媽在道理講不過我的時候，總是把：「我是你媽，你應該聽我的！」拿出來當成最後的底牌，我該怎麼跟她繼續溝通呢？

像這種狀況，就是該掀底牌的時候——她有她的底牌，你也有你的底牌。即使對象是你的媽媽，溝通的基本原則一樣要守住。

你該做的，並不是跟她講道理。你要傳達出幾個重點：「對！妳是我媽，我是妳兒子，我會聽妳說的，但妳也應該要聽進去我說的話。」

「如果我聽妳的，失敗了妳要負責嗎？」

「不管聽誰的，最重要的是我要成功，而且我得為我自己的人生負責。」

所以，除了自己的堅持之外，你要讓她有信心，要讓她覺得你比她行，這件事情你比她更清楚該怎麼做。不是只有講道理，你還要身體力行做出來。

大部分的媽媽都會希望孩子成功，希望你更上一層樓。但是，為什麼有些時候她會這麼擔心，甚至只能用「我是你媽，你應該聽我的！」做為她的底牌呢？其實在大部分的時候，是因為你的表現沒辦法讓人信服。當你很有能力的時候，最後媽媽都會聽你的，這是很普遍的情況。

在這個問題的情況裡，為什麼會講不下去呢？原因是違背了溝通的基本原則。**溝通確實要講道理，但是，不能不講「情」。**說話要情理兼備，才能讓別人覺得舒服，彼此之間達到更好的信任跟了解。

或許你講贏了道理，實際行動上還是有段距離，講到最後要把底牌掀來掀去，只會搞得彼此都不開心。若以最後的成果來看，這樣的溝通其實是失敗的。

我常常提醒各位：人，是不需要講道理的。既然不跟媽媽講道理，那要跟她說些什麼？沒錯，就是剛剛提到的，你應該跟她講「情」。

你可以跟她說：「媽媽，我愛你。所以不管我做了什麼決定，都是為了愛妳、愛我自己，也是為了我們的人生更美好。」

如果你能這樣說，媽媽的感覺就會不一樣了。回過頭來看，你很會講道理，她講不過你，心裡很生氣，就只好說：「我是你媽，你應該聽我的！」這是她的底牌。要是你的態度一樣強硬說：「我是你兒子又怎樣？我不會聽妳的！」那大家就撕破臉了，也沒什麼話好說了。

光是講道理，只會讓人很不舒服，很難繼續溝通下去。當你把「情」的因素放進去，媽媽的態度就會軟化，才能夠再講下去。

但是，你也要記住，你手上一樣也有一張王牌：你永遠都是她兒子。**重點並不在於誰的底牌比較大，而是在於「人生不是講道理，而是講感情」**。

家是一個講「愛」的地方。把愛放進去，大家都會舒服許多。所以，你得讓媽媽明白一件事：我們都想要成功，都希望過得幸福，我們要一代勝過一代，我們要快樂地生活，而不是在爭誰是媽媽、誰比較大、誰的職位比較高或是誰說的比較對，這些根本不是重點。當你跟媽媽在爭論這些是非對錯的時候，表示你的胸襟跟格局都不夠，雖然表面上你佔了上風，贏了道理卻輸了全世界，方向完全搞錯了。

千萬要記得，溝通的重點並不是在講道理，而是在講「情」。沒了情，又如何能夠彼此了解？不能了解，又何必溝通呢？我們必須在說話中表達出自己的愛，如此一來，才會讓你贏得全世界。

說話的藝術2

讀者回函卡

對我們的建議：

郵票請帖於此，
謝謝！

台北郵局第118-332號信箱
P.O. BOX 118-332 Taipei
Taipei City 10599 Taiwan(R.O.C)

創意出版社　收

封 口

說話的藝術2

讀者回函卡

謝謝您購買我們出版的書籍，請您抽空填寫這張讀者回函，並延虛線剪下、對摺黏好之後寄回，我們很重視您的寶貴意見，謝謝！

@基本資料

◎姓名：______________________________

◎性別：☐男　☐女

◎生日：西元 ________ 年 ________ 月 ________日

◎地址：______________________________

◎電話：________________ E-mail：______________________________

◎學歷：☐小學　☐國中　☐高中　☐大專　☐研究所（含以上）

◎職業：

☐學生　☐軍公教　☐服務業　☐金融業　☐製造業

☐資訊業　☐傳播業　☐農漁牧　☐自由業　☐家管

☐其他______________________________

◎您從何種方式得知本書？

☐書店　☐網路　☐報紙　☐雜誌　☐廣播　☐電視　☐親友推薦

☐其他

◎您喜歡閱讀哪些類別的書籍？

☐商業財經　☐自然科學　☐歷史　☐法律　☐文學　☐休閒旅遊

☐小說　☐人物傳記　☐生活勵志　☐其他

◎您對本書的意見：

內容：☐滿意　☐尚可　☐應改進

編排：☐滿意　☐尚可　☐應改進

文字：☐滿意　☐尚可　☐應改進

封面：☐滿意　☐尚可　☐應改進

印刷：☐滿意　☐尚可　☐應改進

國家圖書館出版品預行編目(CIP)資料

說話的藝術2 / 陳海倫作. – 初版. –- 臺北市 ：
創意, 2014. 06（創意系列；24）
ISBN 978-986-89796-3-5(第2冊：平裝)
1.說話藝術

192.32 103007348

創意系列｜24

說話的藝術2

真金不怕火煉，只怕你從來都不練！

作者｜陳海倫
責任編輯｜劉孝麒
美術編輯｜王尹玲
封面插圖｜呂季原

出版｜創意出版社
發行人｜謝明勳
郵政信箱｜台北郵局第118-332號信箱
P.O. BOX 118-332 Taipei
Taipei City 10599 Taiwan(R.O.C)

電話｜(02)8712-2800
傳真｜(02)8712-2808
E-mail｜creativecreation@yahoo.com.tw
部落格｜first-creativecreation.blogspot.com
印刷｜世和印製企業有限公司

定價｜380元
2014年6月初版

first-creativecreation.blogspot.com

創意有心，讀者開心

陳顧問的facebook
www.facebook.com/consultanthellenchen